Déficit de atenção tem solução

Carin A. C. M. Primavesi Silveira

Déficit de atenção tem solução

7ª edição

Rio de Janeiro
2022

CIP-BRASIL. CATALOGAÇÃO NA FONTE
SINDICATO NACIONAL DOS EDITORES DE LIVROS, RJ

S587d Silveira, Carin A. C. M. Primavesi
7ª ed. Déficit de atenção tem solução/Carin A. C. M. Primavesi Silveira. – 7ª ed. – Rio de Janeiro: Civilização Brasileira, 2022.

Inclui bibliografia
ISBN 978-85-200-1164-5

1. Distúrbio de déficit de atenção com hiperatividade 2. Psicopedagogia. I. Título.

12-6663 CDD: 618.928589
CDU: 616.89-008.61

Este livro foi revisado segundo o novo Acordo Ortográfico da Língua Portuguesa.

Direitos desta edição adquiridos pela
EDITORA CIVILIZAÇÃO BRASILEIRA
Um selo da
EDITORA JOSÉ OLYMPIO LTDA.
Rua Argentina, 171 – Rio de Janeiro, RJ – 20921-380
Tel.: (21) 2585-2000

Impresso no Brasil
2022

Agradecimentos

De forma especial a minha mãe, Ana Primavesi, meu esposo, minhas queridas filhas, meus alunos, pacientes e todos que de alguma forma colaboraram com minha caminhada.

Ao Dr. Luiz Miller de Paiva, endocrinologista, psicossomatista, psiquiatra, psicanalista, professor de ciências de comportamento da Escola Paulista de Medicina, ex-diretor dos Institutos de Psicoterapia de Grupo e de Psicossomática de São Paulo, pela gentil análise desta obra, por suas valiosas contribuições e interferências.

Ao Dr. Marcos Lago, psiquiatra, neurocientista e oftalmologista, pela leitura e pelas preciosas colocações e sugestões fornecidas a esta obra.

Ao Dr. Marco César R. Roque, neuropediatra, pela gentil revisão do texto no que se refere à neurologia.

Ao editor, que creditou a importância desta obra.

Sumário

Prefácio

Neste trabalho, Carin inicia colocando em primeiro lugar a sua *rêverie* como verdadeira fonte do amor maternal. Ela a sentiu e a acrescentou nos seus sentimentos profundos e inconscientes. Partiu para lutar e teve a calma do poeta Tagore:

> No dia em que a morte [a apatia] bater à tua porta,
> que lhe hás de oferecer?
> Porei diante do meu hóspede o saco cheio de minha
> Vida [a crença na medicina, a esperança...].
> Não o deixarei partir com as mãos vazias.

Carin, com essa maneira de viver, com essa filosofia de vida, isto é, colocando para fora os aspectos mal interligados e introjetados, tornou-se em "estar no mundo" (posição ativa, dinâmica e libídica) embalada pelo amor maternal partindo da *aletheia* (verdade acima dos humanos) e do *sursum corda* (elevação do coração) e assim salvou sua filha...

Todavia, Carin não estacionou, o seu trabalho foi adiante. Mostrou de maneira didática o fortalecimento do sistema nervoso de sua filha, ajudada por noções de nutrição moderna e seus novos conhecimentos dos neurotransmissores e sua importância na psicopatologia cerebral por meio das recentes descobertas das sinapses dos neurônios.

Carin cita uma biologia científica bem atualizada para a compreensão das síndromes da hiperatividade, hipoatividade e falta de concentração que corrige o desenvolvimento dos neurônios por meio da dieta e da disciplina desde o nascimento (daí a importância da *rêverie*), além dos ácidos hidroisoandrosterona e araquidônico, da dieta pobre em hidratos de carbono (para evitar o seu efeito desmineralizante) e reduzido teor em agrotóxicos e, ao contrário, rica em endorfina, evitando assim o estresse crônico (conflito emocional diário) que é o conflito da "figura combinada" (pai e mãe) em "divórcio emocional", segundo as fantasias inconscientes. As conclusões de seu trabalho são de grande utilidade prática.

Parabéns.

Espero que Carin continue a seguir os ensinamentos de Osler, pela sua equanimidade e sua ataraxia (cultivar a virtude, suportar o êxito com humildade e afeto sem vangloriar-se), e seja humilde como o grande Bion: "Após muitos anos de esforço, alcancei afinal a capacidade de sentir pavor pelas profundezas de minha ignorância." Voltemos ao poeta Tagore:

> Mãe, teci para o teu colo uma grinalda de pérolas, feita das lágrimas dos meus infortúnios... as minhas penas foram criadas por mim e quando as trouxe para tas ofertar pagaste-me com a graça do teu perdão!...

Dr. Luiz Miller de Paiva

Introdução: Inspiração maternal

O objetivo deste trabalho é contribuir com os educadores de crianças, jovens e adultos portadores do Transtorno do Déficit de Atenção sem ou com Hiperatividade (TDAH), contando um pouco da minha história.

A vida pode surpreender-nos com novos e desconhecidos desafios, os quais, de um modo geral, têm a ver com nossa interação junto àqueles que estão ao nosso redor. E comigo não foi diferente. Fui abençoada com o nascimento de três lindas e queridas filhas, e uma delas veio com a missão especial de levar-me a buscar e a descobrir soluções para sua hipoatividade e dificuldade de concentração, o que me proporcionou um interessante aprendizado também sobre hiperatividade. Aprendizado que compartilho na expectativa de que possa ser útil a você também.

Após apenas seis meses de gestação, meu bebê nasceu pesando um quilo e cem gramas, gerando em mim um misto de alegria e preocupações. Não pôde receber leite materno e para agravar ainda mais o quadro teve uma anemia grave logo no quarto mês de vida. Como a reserva de ferro é feita nos dois últimos meses de gestação, prematuros devem receber papa de hemáceas para suprir essa falta. Infelizmente isso não ocorrera com ela. E essa anemia demorou três meses para ser curada.

A falta de oxigenação cerebral logo se fez sentir. Apesar de ter começado a sustentar sua cabeça com três meses de vida, do quarto mês em diante não conseguia mais. E só voltou a fazê-lo com nove meses. Tudo se atrasou nela: o sentar, o rolar, o rastejar, o engatinhar, o andar (começou por volta dos 2 anos), o engolir, a coordenação motora grossa e fina, o falar (com 4 anos não se entendia o que falava). Como eu ainda não sabia da importância da rotina e da disciplina, e com receio da perda de peso, nunca a deixava chorar, o que atrapalhou mais ainda.

Na escola, não acompanhava a turma. Tínhamos inúmeros questionamentos e dificuldades sobre o que fazer e como fazer para que pudesse ter um desempenho satisfatório. Aos poucos constatamos que ela era hipoativa, ou seja, muito lenta para fazer as atividades, apresentando também dificuldade de concentração e de memorização. Após cinco minutos, não se lembrava de mais nada do que fora explicado. Ela se dispersava com questões insignificantes e se distraía com facilidade. Não conseguia se concentrar nem na escola nem nas lições de casa, e sua dispersão era constante e demasiada. Lenta e irrequieta, ela só conseguia fazer as provas pela metade e cometia muitos erros (em matemática tirava zero, em português acertava um pouco mais). Em meio a nossa preocupação de como prepará-la o mais adequadamente para a vida, fomos orientados por sua professora e pela coordenadora a colocá-la em uma escola especial, o que não chegamos a fazer.

Ela era inteligente em suas atitudes, em suas reações e nas brincadeiras. Não percebíamos problemas cognitivos, no entanto estávamos preocupados devido ao seu baixo desempenho.

Foi assim, por querer ajudar minha filha, e com minha experiência como educadora, psicopedagoga e psicanalista, que passei a pesquisar, estudar e compreender o funcionamento do sistema nervoso no que diz respeito à aprendizagem para que um dia ela conseguisse ser independente e autoconfiante.

Com a contribuição de meu marido, que é médico, e da minha mãe, cientista e pesquisadora da área de nutrição animal e vegetal, conseguimos eliminar a hipoatividade, a inquietude, a falta de concentração, a distração e o problema de memorização da nossa filha!

A nossa iniciativa foi promover um sistema nervoso sadio, aliando vários aspectos que se correlacionam: voltando a atenção para os nutrientes neuronais, cuidando do vínculo psicoafetivo filial, organizando os horários de sono, a disciplina e a nutrição.

Para fortalecermos seu sistema nervoso, utilizamos vermífugos e complexos vitamínicos e minerais que continham também zinco e cobre, duas vezes ao ano, e com mais intensidade a suplementação com levedura de cerveja (vitaminas B e aminoácidos) e ômega 3 o ano todo.

Pudemos perceber então que nossa filha tornou-se ultraconcentrada, com uma memória excelente. Sua lentidão desapareceu e ela ficou lépida. Com uma única explicação conseguia fazer as lições em sala de aula e também passou a executar rapidamente as lições de casa, sobrando tempo para brincar e exercer outras atividades. Tornou-se uma das melhores alunas da turma, inclusive na faculdade.

Educada com amor e ensinada a empenhar-se e ser perseverante, hoje ela é uma médica muito querida, bem-sucedida em sua especialidade e com hábil comunicação em vários idiomas.

Ao longo de sua trajetória de estudos constantes e exaustivos, ao perceber que sua capacidade de concentração e memorização diminuía, ela tornava a cuidar de seu sistema nervoso para voltar a se concentrar e aprimorar seus resultados, já que aprendera onde estava o problema e, o melhor, como se ajudar.

Esse aprendizado bem-sucedido com minha filha proporcionou-me um grande alerta nas minhas atividades profissionais. Passei a orientar pais e educadores em relação aos alunos que viessem a apresentar dificuldades de aprendizagem sobre a importância do funcionamento saudável do sistema nervoso e para que procurassem uma orientação médica voltada para os fatores nutricionais (deficiências minerais e vitamínicas) e para as verminoses.

Durante a infância, época em que o mapa comportamental de um ser humano se forma e o sistema nervoso central precisa maturar adequadamente, deve-se dar atenção especial para a educação (afeto + disciplina) e para os fatores fisiológicos responsáveis pelo desenvolvimento de um sistema nervoso saudável. Esse sistema nervoso, bem ou malformado, é que dará sustentação ao nosso comportamento.

De acordo com minha experiência profissional, com um sistema nervoso funcionando adequadamente em uma criança presume-se que:

- aos 2 anos já deveria conseguir brincar concentrada de 10 a 15 minutos com a mesma atividade;
- aos 3 anos deveria conseguir concentrar-se de 15 a 20 minutos na mesma atividade;
- aos 4 anos deveria conseguir concentrar-se em uma só atividade de 20 a 30 minutos;
- aos 5 anos deveria já ficar atenta em jogos e concentrar-se de 30 a 40 minutos;
- aos 6 anos deveria concentrar-se de 40 a 50 minutos;
- aos 7 anos deveria conseguir ficar sentada prestando atenção no mínimo 50 minutos, que seria a duração de uma hora-aula no ensino fundamental.

Concentrar-se é conseguir atuar, fazer, executar, agir, ler, escrever, estudar por um determinado tempo sem se distrair.

Em qualquer idade podem-se eliminar esses distúrbios que atrapalham tanto na escola como na vida. Se seu filho tiver algum problema de déficit de atenção, hipoatividade, hiperatividade, falta de concentração, dispersão ou dificuldade de memorização, recomendo então, pelas minhas observações, que tentem essa mesma atuação, pois a problemática pode ser sanada.

"Melhor do que prever o futuro é criá-lo." (Peter Drucker.)

No capítulo 1 daremos algumas orientações sobre o comando neural no que diz respeito ao déficit de atenção.

No capítulo 2 abordaremos fatores fisiológicos do sistema nervoso.

A seguir, no capítulo 3, trataremos das atitudes e dos fatores necessários para um sistema nervoso fortalecido.

No capítulo 4 discorreremos sobre do que depende a conquista de uma boa aprendizagem.

No capítulo 5 explicaremos como se otimiza o funcionamento do sistema nervoso.

No capítulo 6 mostraremos algumas importantes aplicações práticas.

Por último, vêm as considerações finais e as referências bibliográficas.

1. Um pouco sobre o comando neural

1.1 Desenvolvimento do sistema nervoso

Um sistema nervoso forte e saudável é fundamental para o sucesso em qualquer situação.

O bebê ao nascer ainda não é um ser biologicamente pronto para enfrentar a vida. Precisa passar por uma segunda gestação, que vai primordialmente do nascimento até os 6 anos, isto é, um desenvolvimento neurológico fora do útero da mãe. O ser humano deve acabar de se formar como um todo, tendo como núcleo o sistema nervoso central, apto a estabelecer conexões entre os neurônios, gerando assim a construção de uma consciência.

O ser humano nasce com o sistema nervoso imaturo. Ele irá maturar principalmente nos primeiros anos de vida com as ligações e interações da criança com o mundo que a rodeia. O cérebro é constituído por mais de 100 bilhões de células nervosas.[1] Os sinais nervosos são

[1]Kandel; Schwartz; Jessel, 2005.

transmitidos de um neurônio para o seguinte através de junções interneurais, chamadas sinapses.[2] As sinapses se formam por meio da percepção de tudo que entra em contato com a criança nessa fase.

Devido à plasticidade cerebral, a rede neural pode se expandir a vida toda, mas na infância é que se formam os sítios de competências específicas, as matrizes. Especialmente até os 6 anos, formou-se a maior parte das conexões da vida de uma pessoa. Assim, o ser humano está formando não só as trilhas de sua autoconfiança como também da sua afetividade, dos sentimentos, das emoções, da solidariedade, da criatividade, da identidade, da personalidade, de idiomas diferentes, da moralidade, da competência social.

Nos gráficos a seguir podemos ver o desenvolvimento do sistema nervoso de um ser humano.

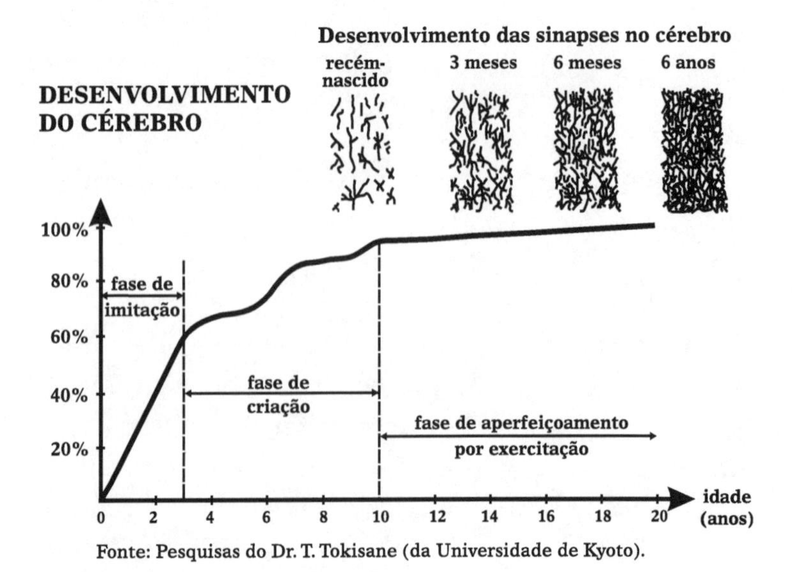

Fonte: Pesquisas do Dr. T. Tokisane (da Universidade de Kyoto).

[2]Guyton; Hall, 2006.

Podemos ver o desenvolvimento das sinapses: aos 3 anos, cerca de 60% das sinapses de um adulto estão desenvolvidas. Em cima, à direita, pode-se ver a velocidade com que as sinapses deveriam se expandir. Elas devem formar verdadeiras redes de conexões, desde que a criança seja estimulada em diversas direções.

Desenvolvimento após o nascimento

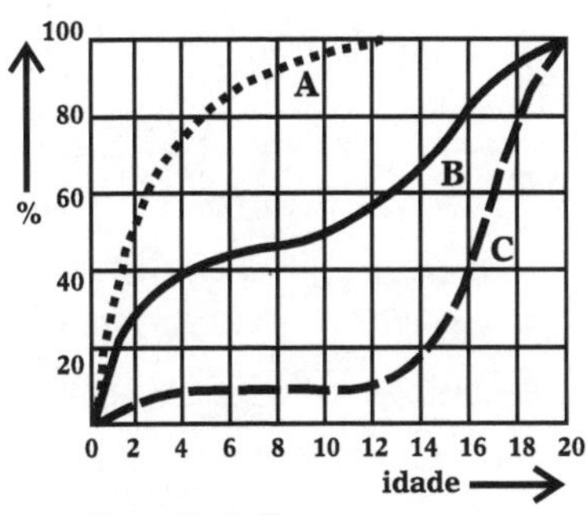

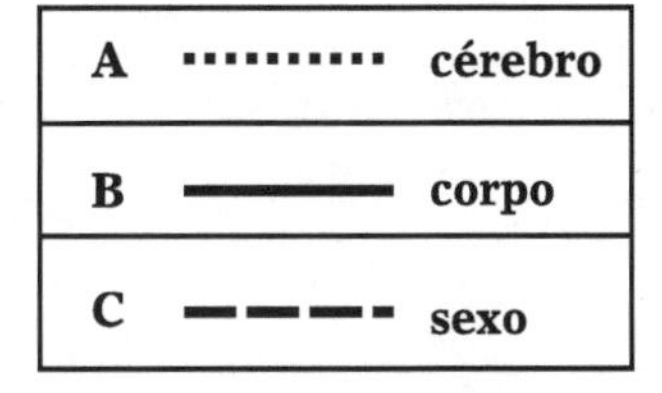

Fonte: R. E. Scammon

Podemos ver que o desenvolvimento do sistema nervoso central tem sua maior intensidade na infância (linha A). Até os 6 ou 7 anos, cerca de 90% do sistema nervoso central já está formado. Por isso a atenção educacional nessa faixa etária deve estar voltada principalmente para as necessidades da formação do sistema nervoso e do ser humano. O corpo físico se desenvolve conforme mostra a linha B, e o desenvolvimento sexual é mostrado pela linha C.

Cada tipo de desenvolvimento necessita de um grande consumo de energia de que o corpo deve dispor para o desenvolvimento específico daquela idade. Uma criança até os 6 a 7 anos precisa desenvolver basicamente seu sistema nervoso central e, com ele, sua inteligência, seu aparelho psíquico, sua identidade, seu sistema emocional, sua autoconfiança. Por volta dessa idade ela deverá também ter aprendido a se relacionar socialmente, estruturar e formar sua personalidade. A energia disponível deve ser utilizada para essas finalidades, isto é, para a formação do ser humano propriamente dito.

Mas, se, ao mesmo tempo, a criança em idade pré-escolar ficar presa numa sala de aula e precocemente lhe ensinarem a ler, escrever, fazer contas ou usar o computador, ela terá um gasto energético adicional muito grande. Sua energia será deslocada para o ensino, ou seja, no que é mais cobrada. Essa criança poderá não formar um sistema nervoso sadio e, nesse sentido, se tornará ansiosa, agitada e até mesmo debilitada.[3]

Essa situação poderá ter consequências, como não ter boa concentração, ser distraída, não conseguir prestar atenção ou apresentar outros distúrbios relacionados ao sistema nervoso. Suas inteligências intelectual e emocional poderão também ser afetadas, pois em vez de formar uma rede diversificada de sinapses acabará desenvolvendo mais fortemente as trilhas para as quais foi trabalhada, deixando o restante de sua rede neural pequeno. Assim, uma criança que é treinada num determinado assunto (ou objeto), como Michael Jackson, que desde pequeno foi treinado quase que exclusivamente para a música, torna-se um *expert* nesta área — musical, no caso dele —, mas desequilibrada em outros aspectos de sua vida.

---

[3]Arroio, 1995; Haug-Schnabel, 2005; Oliveira, 1997; Piaget, 1966; Steiner, 1985.

Com o início da troca dos dentes, que pode ocorrer dos 4 aos 7 anos, as forças formadoras dos dentes se transformam em forças básicas da faculdade do aprendizado e instala-se a capacidade do aprender sistematizado.[4] Isto é, a energia que anteriormente tinha sido preferencialmente utilizada na formação do ser humano e na maturação de seu sistema nervoso agora poderá ser utilizada para o aprendizado escolar sem que a criança fique física ou psiquicamente debilitada.

Os dentes têm a mesma origem das células que formam o sistema nervoso central e periférico, o ectoderma. A erupção dos dentes permanentes indica a maturação das células ectodérmicas, inclusive as do sistema nervoso (e também as da pele, diminuindo sua vulnerabilidade). Respeitado o tempo de cada criança, que possui uma maturidade própria para cada fase da vida, agora ela estará mais bem preparada para iniciar o processo de alfabetização e aprendizado. A alfabetização feita antes disso é um simples decorar e copiar, algo que a criança consegue fazer com muita facilidade, o que confunde os pais, que pensam ser um dote especial de seu filho, quando na verdade é apenas algo passageiro ou uma psicopatologia instalando-se, pois o sistema nervoso ainda não está maduro para esse tipo de aprendizado, como mostra o gráfico 3.[5]

[4]Steiner, 1985.
[5]Arroio, 1995; Haug-Schnabel, 2005; Marinho, 1992; Steiner, 1985.

DESENVOLVIMENTO DAS SINAPSES NO CÉREBRO

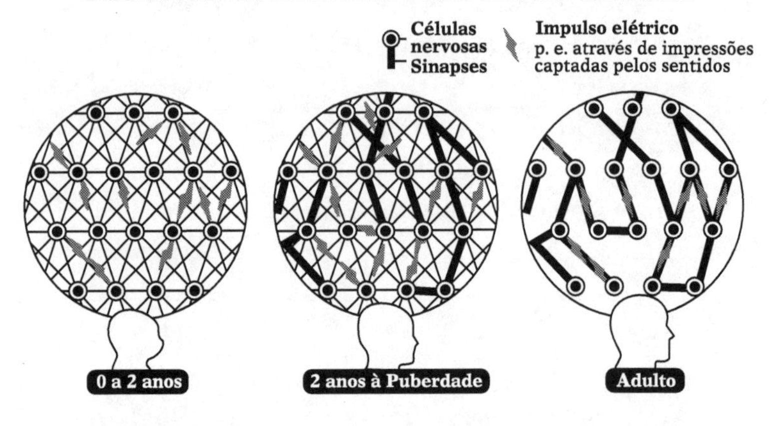

Nos recém-nascidos, as células nervosas são ligadas como numa rede bem fechada, que transmite impulsos para todas as direções.

Através dos estímulos, com acúmulo de impulsos em certas trilhas, as sinapses formam-se e reforçam-se. As ligações menos utilizadas desaparecem. Quanto mais diversificados os estímulos, mais estruturas complexas se formam.

O adulto tem à disposição para o aprendizado a rede até então formada.

Gráfico elaborado pelo neurocientista alemão Wolf Singer, do Instituto Max Planck, Frankfurt.

Por volta do início da puberdade, a maioria das sinapses já está formada, como também já se configurou a formação geral do indivíduo. Daí a importância do cuidado de formar muitas e boas trilhas neurais nas crianças, pois "o cérebro não é predeterminado ou imutável, mas um órgão em adaptação", como diz o neurocientista Yoshioki Ohki.[6]

Quando um bebê nasce, seu cérebro está geneticamente programado para tudo, mas ainda não está desenvolvido.[7] Segundo o neurocientista alemão Wolf

---

[6]Ohki, 2009.
[7]Singer, 20/10/2003.

Singer, os genes sozinhos não determinam os dons, as qualidades da personalidade ou outras características complexas dos seres vivos. O meio em que o indivíduo está inserido, as relações interpessoais e o modo como é criado é que determinam como a informação genética vai se manifestar.[8] Por isso a educação tem um papel tão importante.

Eric R. Kandel, Prêmio Nobel de Medicina de 2000, explica que "os genes são servos do ambiente, sozinhos não são determinantes do comportamento."[9]

Jean Piaget, o pai do construtivismo, mostra que as estruturas do conhecimento são passíveis de ser construídas e não são inatas, apesar do caráter hereditário da inteligência do ser humano. A hereditariedade fica disponível dependendo das conexões neurais inscritas no cérebro.[10]

Isso quer dizer que a inteligência não é simplesmente determinada pela genética, ou seja, ela não é nata, mas geneticamente o novo ser humano tem uma infinidade de células nervosas que podem ser ligadas através de estímulos diversos que o meio oferece. A inteligência é desenvolvida e pode ser maior ou menor segundo a variedade de estímulos que a criança recebe.

Segundo André Ramos, diretor do Laboratório de Genética e Comportamento da Universidade Federal de Santa Catarina,[11]

---

[8]Singer, 20/10/2003.
[9]Kandel, 2005.
[10]Piaget, 1966.
[11]Ramos, 2008.

> a genética em geral não é um destino, o que uma pessoa vai ser não vem predeterminado. A genética oferece predisposições. Todos sofrem as influências dos ambientes em que vivem, e esses, sim, podem mudar a expressão dos genes ou fazer com que eles simplesmente não se manifestem ou se potencializem.

O ambiente educador tem grande influência sobre a criança. Quer dizer que hiper ou hipoatividade, dispersão, falta de concentração, problemas de memória não são simplesmente determinados pela herança genética. O meio em que se vive pode ativar ou não a predisposição familiar.

A cientista ambiental Ana Primavesi[12] mostra de uma forma simples a influência do meio sobre a genética na história do grão de trigo.

1.2 O grão de trigo

Um grãozinho de trigo caiu na terra, separado dos irmãos, sozinho, abandonado. Nenhum armazém protetor, nenhum de seus irmãos foliões, nenhuma segurança nem bem-estar. Sozinho jazia na terra úmida, tremendo de medo. Um besouro grande e cascudo apareceu. Será que iria comê-lo? O besouro riu. "Não como trigo, sou coprófago, como somente excrementos de animais." "Que horror!", apavorou-se o grão de trigo. O besouro não se incomodou. "Por quê?", ele perguntou. "Cada um de nós vive segundo a programação que o Criador

[12]Primavesi, 1988.

nos deu. E se cumpro minha missão, posso ser tão satisfeito quanto você. Já pensou se ninguém devorasse excrementos? O mundo seria inabitável!"

Tudo isso era demais para o grão de trigo. "E eu?", ele quis saber. "Você é tão inteligente, conte-me, quem sou eu?"

"Olhe", disse o besouro, "você não é nada. É somente um pontinho com a capacidade de captar vida e de germinar, o epitélio germinativo. E para que você faça isso como deve carrega junto um computadorzinho ultraminúsculo e um pacotinho de ração de emergência." "É a era da informática?", o grãozinho quis saber. "Para Deus, a informática sempre existiu. O homem é que só a descobriu agora", revelou o inseto.

Apavorado, o grão de trigo começou a chorar: "A água está me molhando, está penetrando em meu corpo. Estou inchando! Oh, meu Deus, eu vou arrebentar!" O besouro observou-o gravemente. "Sei", disse secamente. "Vai inchar até estourar." "E depois?", o grãozinho quis saber. "Depois você vai formar uma planta de trigo, como programada: alta, linda, com três ou mais colmos, com espigas graúdas, cheias de grãos de trigo iguais a você." "E para que serve então meu computadorzinho, se tudo é programado?", o grão de trigo quis saber.

"Bem", ponderou o besouro, "você é geneticamente programado, como os homens dizem. Mas entre a programação e o ambiente deve existir uma completa concordância. Nem sempre existe no solo tudo o que foi programado para sua formação."

Nesse momento, entrou vida no grão, e o germe moveu-se pela primeira vez. O computadorzinho genético começou a conferir a programação com velocidade alucinante para poder estabelecer o programa definitivo, segundo o qual a planta iria crescer e se formar. O programa básico estava no grão, mas a matéria-prima para sua execução viria do solo, o ambiente em que se desenvolveria. Analisou também a água que tinha penetrado no grão e iniciou um acelerado diálogo com os elementos que cercavam e penetravam o trigo. "Há nitrogênio?", perguntou. "Pouco", foi a resposta. "Maturação precoce!", determinou o computador. "Há fósforo?" "Pouco." "Temos de reduzir o transporte de energia!" "Há boro?" "Pouquíssimo." "Então o programa será para não formar açúcares complexos, somente os simples." "Há zinco?" "Existe o suficiente." "A programação é alterar por causa do fósforo." "Há cobre?" "Muito pouco." "Então vamos reduzir as desidrogenases e oxidases ao mínimo", mandou o computadorzinho. "Vai haver muitas flores estéreis, mas não tem outro jeito!"

O grão de trigo angustiou-se. "Que tipo de terra é essa?" O besouro fez cara feia: "Olhe, meu caro, a terra é boa, mas você não foi programado para ela. Você, para essa terra, é exótico, não é um ecótipo como eu, adaptado ao lugar em que tem de viver." "Mas o homem que me plantou prometeu jogar também nutrientes na terra", desesperou-se o grão de trigo. "Eu conheço isso", disse o besouro, "ele jogará somente três a quatro nutrientes. Vai ajudar um pouco, mas você vai virar uma planta fraca e doentia, não podendo formar proteínas, açúcares complexos, substâncias aromáticas, enzimas, vitaminas, hormônios, corantes e outros. Vai precisar de muitos defensivos para não ser morto por fungos e pulgões. Pobre trigo. Mas, em contrapartida, vai ser rico em resíduos tóxicos. Ai do homem que comer de seus grãos!"

O grão de trigo começou a chorar amargamente. "Por que me plantaram aqui, por quê, por quê, por quê?" E o sonho dele, de dar força e vitalidade aos homens, fugiu como o orvalho ao sol.

2. O ambiente educador e o desenvolvimento da inteligência

O simples saber ler e escrever não significa uma inteligência especial. Antigamente ser escriba era uma profissão. Não quer dizer que todos aqueles que não aprenderam esse ofício não tinham inteligência.

Muitos pais desejam filhos inteligentes. Esse desejo é tão grande que até foi criado um banco de sêmem de pessoas que se destacaram na vida, como as que ganharam o Prêmio Nobel, e que as mulheres, desejosas de filhos muito inteligentes, procuram para serem os pais de seus bebês. Mas até hoje poucas pessoas geniais ou superdotadas tiveram filhos muito inteligentes. Nem César ou Napoleão, nem Leonardo da Vinci ou Picasso, nem Goethe ou Leibnitz, nem Einstein ou Werner von Braun. Os poucos casos da história nos quais pais geniais tiveram filhos também altamente inteligentes foram, entre outros, Madame Curie, os Kornberg, os Bohr e os Bragg, todos ganhadores do Prêmio Nobel. O que fez a diferença? Além da herança genética, o ambiente educador nos primeiros anos de vida e depois sua continuidade em estímulos. Provavelmente os filhos desses pais geniais tiveram uma infância normal, puderam ser crianças, brincar e ter suas fantasias. Muitos foram criados num meio cultural instigante. Possivelmente seus pais tiveram tempo e disponibilidade para acompanhar suas atividades e tinham com eles um forte vínculo afetivo. A escolaridade, a felicidade e as chances profissionais de uma criança no futuro estão de certo modo nas mãos dos seus pais.

Segundo Aljoscha Neubauer, professor de psicologia e pesquisador austríaco da Universidade Karl-Franzens, a mielinização e o número de sinapses formadas na infância são a chave para um bom amadurecimento e funcionamento cerebral, facilitando a promoção de um equilíbrio emocional e favorecendo a aprendizagem e a inteligência.[13] Para que os impulsos nervosos sejam enviados de um neurônio a outro, precisam ocorrer diversas reações bioquímicas que se utilizam de vários sais minerais e vitaminas. As comunicações entre os neurônios podem sofrer algum tipo de falha caso haja deficiência desses nutrientes. Uma alimentação correta influi no desenvolvimento da inteligência e no bom funcionamento cerebral.

2.1 As sinapses

A informação é transmitida, no sistema nervoso, sob a forma de impulsos nervosos ao longo de uma sucessão de neurônios, ligados por "pontes", que são as sinapses.[14]

---

[13]Neubauer, 2004.
[14]Guyton; Hall, 2006.

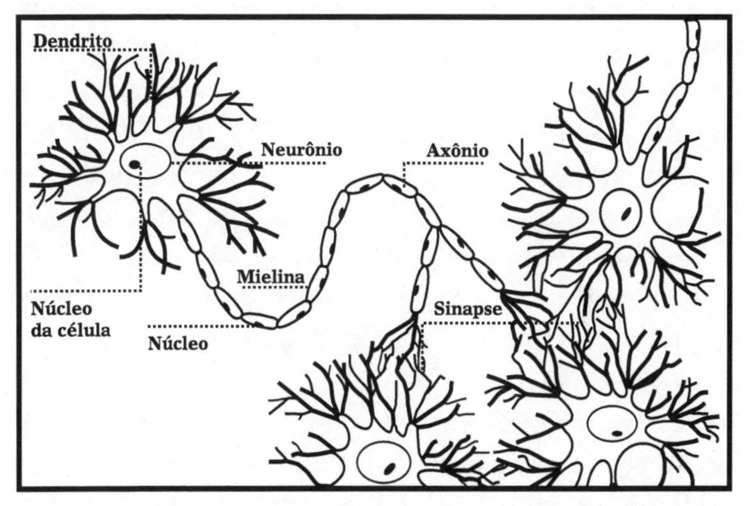

Ilustração inspirada em imagem de: Revista *Viver Mente e Cérebro*, nov. 2004.

As células nervosas estão inicialmente ligadas por uma tênue e densa teia, como mostrado no gráfico 3, capaz de transmitir bilhões de impulsos nervosos para todas as direções. Capaz de transmitir, mas não o faz ainda. Para que essa transmissão ocorra, os neurônios precisam se ligar uns aos outros firmemente, por meio das sinapses, formadas pelos estímulos repetitivos que a criança recebe. Por meio desses estímulos, acumulam-se impulsos em certas trilhas, formando e reforçando as sinapses.[15] A quantidade dessas ligações vai depender da quantidade de estímulos diferentes.

A inteligência deve ser estimulada. Quanto mais sinapses forem desenvolvidas por meio de estímulos diversos, mais trilhas nervosas se formarão e, consequentemente, mais inteligente pode-se ser. Para cada

[15]Singer, 20/10/2003.

experiência repetida várias vezes, surge um caminho novo. A criança desenvolve a inteligência brincando criativamente, escutando historinhas e contos de fada, olhando livros, exercitando a fantasia, fazendo teatro de fantoches e representações de histórias, trabalhando com todos os tipos de arte (desenho, pinturas, argila, papel machê) cantando, dançando, movimentando-se (correr, pedalar ou com uma ginástica dirigida), tendo pequenas aventuras, falando diversos idiomas.

Em instituições de educação infantil bilíngues, encontram-se facilmente crianças que falam fluentemente três ou quatro línguas. Desde o nascimento, o pai fala uma língua com o filho, a mãe outra, a avó pode falar uma terceira, no convívio com outras crianças pode-se aprender a quarta ou a babá pode falar um idioma diferente. A criança aprende brincando. Para cada idioma, forma-se uma trilha neural diferente. A aprendizagem de uma segunda língua é bem mais fácil quanto mais novo se é, devido à maior plasticidade cerebral existente.

A inteligência manifesta-se na velocidade e no modo com que a pessoa processa sua compreensão e suas conclusões, isto é, como ela faz uso de suas experiências e seu saber estocado diante de uma situação nova.

Funciona como um mapa de uma cidade. Há lugares com muitas ruas e avenidas, com inúmeras ramificações; noutros lugares, como aqueles mais afastados do centro ou onde existem lagos e parques, há menos vias de trânsito. O impulso nervoso, para chegar aonde quer, precisa procurar um caminho para percorrer. Automaticamente ele escolhe a via mais curta para chegar ao destino, pois o cérebro sempre visa ao menor consumo de energia. Num lugar com muitas vias, ele tem mais chance de encontrar um caminho mais curto do que num lugar com poucas "estradas". Por isso, um maior número de estradas neurais formadas favorece uma maior rapidez para se chegar aonde se quer. Vias neurais mais frequentadas por ações repetitivas se alargam e se estabelecem; as poucas frequentadas diminuem e podem até desaparecer.[16]

Devido à plasticidade cerebral, se uma pessoa aprende e exercita uma habilidade, como tocar um instrumento musical, praticar um esporte ou resolver problemas matemáticos, a região do cérebro responsável pela tarefa crescerá fisicamente.[17] Um gênio geralmente desenvolve muito fortemente um determinado caminho racional pelo qual seu impulso nervoso corre rapidamente, mas, em detrimento, por ter treinado mais um único objeto, muitas vezes não desenvolve os outros caminhos que estruturam um ser humano e que são importantes para o equilíbrio emocional, e por isso ele pode ser uma pessoa genial, mas desequilibrada. Mozart era um gênio musical, mas bastante instável nas outras áreas, inclusive na psíquica.

Uma quantidade maior de atividades distintas produz maior quantidade de sinapses diferentes, os caminhos que os pensamentos precisam percorrer ficam mais curtos, a inteligência aumenta, além de favorecer um maior equilíbrio emocional. Uma criança treinada em algum objeto preferencial, parada, não desenvolve uma inteli-

---

[16]Singer, 20/10/2003.
[17]Carter, 2009.

gência ampla e diversificada. Como Fritjof Capra diz de forma tão simples: "A inteligência baseia-se no acumulado de uma grande variedade de *experiências vividas*[18] *e sentidas na emoção*".[19] Para Kandel, muitos aspectos do comportamento resultam da capacidade de aprender pela experiência.[20] Experiências vêm das ações, do brincar, do movimento, das descobertas. Ficar estático, assistindo à televisão, jogando videogame ou estando sempre no colo não desenvolve tanto a inteligência, tampouco colabora para um aparelho psíquico saudável.

2.2 Psicomotricidade

De acordo com a Sociedade Brasileira de Psicomotricidade:

> Psicomotricidade é a ciência que tem como objetivo de estudo o homem por meio do seu corpo em movimento e relaciona seu mundo interno com o externo, bem como suas possibilidades de perceber, atuar, agir com o outro, com os objetos e consigo mesmo. Está relacionada ao processo de maturação, em que o corpo é a origem das aquisições dos conhecimentos, afetivas e orgânicas. É movimentada por três conhecimentos básicos: o movimento, o intelecto e o afeto.

Psicomotricidade é o controle mental por meio do ato motor.

[18]Capra, 1996.
[19]Ohki, 2009.
[20]Kandel, 2005.

No dicionário[21] encontramos por psicomotricidade: "Integração das funções motoras e mentais sob o efeito da educação e do desenvolvimento do sistema nervoso." Isso quer dizer: com o domínio que a criança tem sobre diversos movimentos, ela desenvolve mais suas capacidades mentais.

Coloca-se "psico" antes de "motricidade" porque as atividades motoras, o pensamento e o psíquico estão conectados e por meio do movimento a criança também elimina tensões, medos e inseguranças, influenciando a sua mente.

O amadurecimento emocional e o desenvolvimento neural do ser humano são fomentados pelas emoções de movimentos diferentes e variados, como a emoção de jogar bola, saltar de um murinho, passar por um túnel, correr ou pular corda.

As atividades do corpo e do pensamento são interdependentes e inter-relacionadas.[22] Quanto mais a criança se movimentar, mais conexões neurais formará e mais facilmente ela poderá aprender, pois ficará com uma inteligência maior.[23]

O movimento e o exercício corporal também são os melhores meios de ativar a neurogênese, aumentando a formação de novas células nervosas no hipocampo, região no cérebro responsável pela aprendizagem e memória inicial. Até em pessoas mais velhas o exercício físico melhora a função do córtex pré-frontal, região do cérebro responsável pelo arquivamento da memória de longo prazo. [24]

---

[21]Larousse, 1988.
[22]Wachs; Furth, 1979.
[23]Nova Escola, 2003.
[24]McEwen, 2008.

Majorek, Tuchelmann e Heusser demonstram que há uma relação profunda entre o treinamento motor e o desempenho cognitivo, isto é, o da aprendizagem. O treinamento de um determinado movimento pode resultar até numa modificação cerebral desejada em crianças com transtorno de déficit de atenção, dificuldades de aprendizagem e de concentração, distúrbios de memorização e de relações interpessoais afetivas, hiperativos, hipoativos e disléxicos. Crianças com problemas cognitivos melhoraram sensivelmente em alguns meses com a motricidade trabalhada.[25]

O cérebro é capaz de se reorganizar constantemente. O mestre e doutor em neurociência Fernando Louzada[26] reforça essa boa notícia: "A aquisição de um novo conhecimento ou habilidade motora significa, obrigatoriamente, que a organização do cérebro mudou."

O neurocientista americano Temple Fay[27] mostrou a correlação dos movimentos mais primitivos do bebê até o andar com o desenvolvimento neuronal, isto é, os efeitos dos movimentos corporais iniciais sobre o desenvolvimento do sistema nervoso central, base da atividade intelectual do novo ser humano. Nessa etapa, até o bebê andar, é feita uma organização neurológica, isto é, quanto mais controle motor a criança tiver, mais organizada ela estará neurologicamente, mais sinapses serão desenvolvidas e maior ficará sua rede neural.[28]

---

[25]Majorek; Tuchelmann; Heusser, 2004; Poeta; Rosa Neto, out. 2005.
[26]Louzada, 2011.
[27]Fay, apud Padovan, 1997; Padovan, 1997.
[28]Ibidem; Ibidem.

Segundo Fay,[29] quando a criança não cumpre bem as fases do seu desenvolvimento natural, elas poderão ser refeitas numa idade posterior, na mesma sequência, "partindo-se dos movimentos primitivos como o rolar, rastejar, engatinhar até o andar. É uma reorganização neurológica funcional". O movimento e o sistema nervoso central são estreitamente interligados.

Segundo o psicomotricista argentino Esteban Levin,[30] a cognição, que é o processo de adquirir conhecimento, "envolve percepção, emoção e ação. A aquisição do conhecimento vem a ser o movimento incorporado". O psiquiatra infantojuvenil alemão Michael Winterhoff,[31] autor do livro *Por que nossos filhos se tornam tiranos — O desaparecimento da infância*, percebeu em sua clínica que há 15 anos as deficiências de motricidade em crianças pré-escolares eram de 20%. Atualmente esse número ultrapassou em muito os 50%, com tendência de rápida elevação.

Com certeza crianças serelepes, que balançam em cordas bambas, giram rapidamente, jogam bola e correm muito têm uma rede sináptica ampliada e provavelmente com boa mielinização.

A dislexia, por exemplo, não é um distúrbio isolado da faculdade de ler e escrever. Os "disléxicos" têm uma personalidade imatura, o seu *eu* está alterado, são pouco independentes, têm caráter de criança pequena. Muitas vezes ainda estão muito ligados aos pais que os superprotegem e fazem tudo por eles. Normalmente são

---

[29]Ibidem; Ibidem.
[30]Levin, 2005.
[31]Winterhoff, 2010.

crianças que não gostam de exercício físico, não têm um domínio corporal, e especialmente a lateralidade e o equilíbrio estão em deficiência. Devem ser incentivados ao movimento, não se permitir que fiquem muito tempo com o corpo inerte.[32]

Crianças que não têm um bom esquema corporal, isto é, têm dificuldades na execução de diversos movimentos, cujos pais têm muito medo de acidentes e impedem-nas de atividades físicas, normais para a infância, podem apresentar problemas na aprendizagem, pois seu sistema nervoso central não foi incentivado ao desenvolvimento.

Maria Cristina Urrutigaray[33] se expressa muito bem quando diz: "A atividade criadora, pensada na emoção, refletida no pensamento e integrada na ação, põe o corpo em movimento." Isso quer dizer que montar algo, fazer castelos na areia, formar bonecos ou animais com massa plástica, todo tipo de artesanato e artes também influem na coordenação motora fina e, consequentemente, na aprendizagem. A criatividade e a fantasia também são precursoras do raciocínio lógico.

A falta do domínio sobre o corpo é um dos fatores de fracasso escolar, pois é esse corpo que deve receber informações e novos conhecimentos. Um corpo mentalmente desconhecido e sem habilidades de movimento e equilíbrio pode apresentar um atraso mental e emocional.

Atualmente a movimentação da criança é muito reduzida. Habita num apartamento, senta no colo, senta

---

[32]Holtzapfel, s.d.; Steiner, 1985.

[33]Urrutigaray, 2003.

no carro, senta no banco da escola, senta diante da televisão ou do computador, fica o dia todo sentada. Os adultos vão à academia para se movimentar, as crianças correm ao redor da mesa e quando já adolescentes fazem bagunça, criam as mais diversas danças em que pulam e gritam até na igreja, quando cantam durante a missa e fazem uma espécie de aeróbica. Sentem falta de se movimentar, pois esse espaço quase já não existe mais. Crianças exercitam-se com prazer. A natureza da própria criança é se movimentar bastante se for permitido fazê-lo.

Para Esteban Levin, a obrigação de deixar o corpo estático pode ser uma das causas da hiperatividade e contribui para a depressão.[34]

Um paciente meu, um menino de 11 anos, apresentava sérios problemas de aprendizado. Não conseguia ler, muito menos escrever. Não sabia nem nomear as partes do corpo. Tinha um esquema corporal pobre. Morava num lugar muito pequeno, onde subir em algo, pular ou correr era impossível e seu pai nunca o deixou brincar na rua ou na vizinhança. Em casa só brincava com bolinhas de gude, virava figurinha com a mão e assistia a muita televisão, isto é, ele não se movimentava. Trabalhando apenas uma hora por semana com ele, fazendo atividades como movimentos corporais dirigidos, deixando-o também recortar, colar, juntar, pintar, vestir bonecos, citar as partes do corpo, após 25 sessões esse garoto começou a ler e escrever espontaneamente.

---

[34]Levin, 2005, 2000.

Quando uma criança, nos primeiros anos de vida, é somente mantida cuidadosamente limpa e bem-nutrida, sendo impedida de se sujar e de ter suas aventuras, pode tornar-se uma criança saudável fisicamente, mas provavelmente terá dificuldades de aprendizagem, como também psicopatologias adquiridas pelo impedimento de vivenciar experiências.

2.3 O valor da mielina

Apenas uma boa rede de neurônios interligados não é o suficiente para uma boa inteligência. Precisamos também da mielina. É a mielina que facilita a transmissão do impulso nervoso. Com a mielina o impulso é direcionado e pode ser rápido.

No bebê, os neurônios se parecem como fios elétricos "desencapados". Nos primeiros meses e anos de vida vão se formando as sinapses ou conexões entre eles. Esses neurônios devem receber capas de uma substância chamada mielina, feita de lipoproteína.

Os neurônios dos recém-nascidos não têm bainhas de mielinas maduras e, por essa razão, seus movimentos são grosseiros, espasmódicos e incoordenados. Ou seja, além de ajudar na concentração, a mielina também é responsável pelo bom desenvolvimento da coordenação motora do ser humano. A mielina é uma membrana isolante que envolve as fibras nervosas. Ela acelera a transmissão dos impulsos nervosos, mantém constante a intensidade do sinal a longas distâncias e evita o desperdício de energia. Assim, quando todas as fibras são mielinizadas, a velocidade do impulso nervoso, isto é, do pensamento, atinge 432 km/h, a velocidade de um carro de corrida.[35] Em contrapartida, ao longo de um nervo constituído de axônios desprovidos de mielina, ou com mielina lesada, o impulso nervoso se propaga bem lentamente, a uma velocidade de 7,2 km/h. O amadurecimento cerebral, e com ele o desenvolvimento da inteligência e da capacidade de concentração, também ocorre à medida que o neurônio é envolvido por mielina.

O maior grau de mielinização explica o melhor funcionamento cerebral das pessoas mais inteligentes, pois a mielina permite a rápida transmissão das informações direcionadas, evita o desperdício de energia e possibilita maior concentração. Com pouco consumo de energia, o ato de pensar não se torna cansativo.[36] Se a mielina for danificada ou destruída (devido, por exemplo, à falta de gordura, especialmente ômega 3, vitamina B1, sono, rotina diária, minerais apropriados, proteínas), os impulsos nervosos podem escapar da trajetória e se dispersar, além de ficarem mais lentos ou não serem totalmente transmitidos. A perda de mielina pode reduzir ou mesmo impedir a passagem desses impulsos,[37] levando a uma série de problemas como perda de memória, dificuldade para compreender e processar ordens, alteração de equilíbrio, perda de sensibilidade ou dificuldade motora, entre outras.[38]

---

[35]Neubauer, 2004.
[36]Ibidem.
[37]MS Gateway, 2007.
[38]Ibidem.

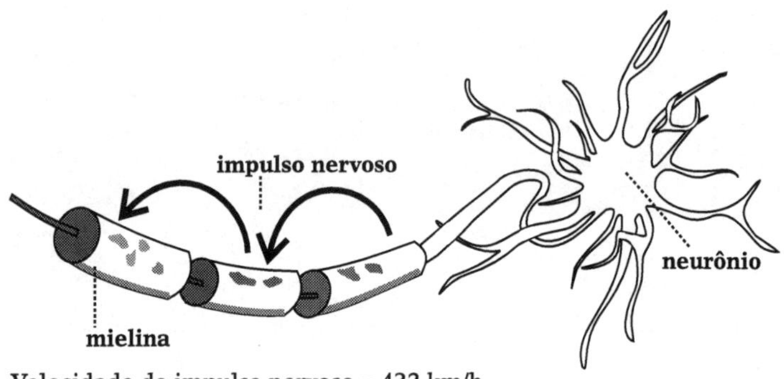

Velocidade do impulso nervoso = 432 km/h

Com a mielina o impulso nervoso pula de um "gomo" a outro, adquirindo velocidade e precisão.

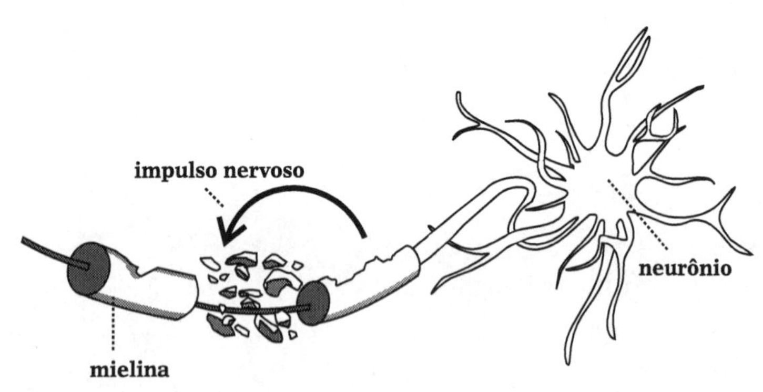

Velocidade do impulso nervoso = 7,2 km/h

Sem mielina o impulso nervoso não pula, somente "anda" pelo axônio do neurônio.

Quando há perda ou lesão de mielina, a pessoa pode ficar *lenta* no pensar, ser *hipoativa*, porque o impulso nervoso demora a chegar ao destino. A criança ou o adolescente cansa facilmente após ler um pequeno trecho ou fazer alguns cálculos, tem dificuldade de entender os assuntos, porque tudo é vagaroso e difícil, não consegue se concentrar devido à lentidão do impulso, distrai-se muito e tem deficiência na memorização. Gasta muita energia e num pequeno tempo de estudo não aguenta mais de cansaço mental.

2.4 Reações bioquímicas

Para que o impulso nervoso se propague pelo neurônio ocorre um evento elétrico e químico. Os sinais elétricos transmitem os impulsos nervosos pelo axônio e os químicos através das fendas entre as células nervosas. A comunicação entre neurônios é dada por reações bioquímicas. São necessárias determinadas substâncias químicas (neurotransmissores) em quantidades apropriadas para uma boa formação, maturação e adequado funcionamento cerebral.

2.4.1 NEUROTRANSMISSORES

A importância funcional dos neurotransmissores é muito bem descrita pela Dra. Sílvia Helena Cardoso:[39]

> Todas as nossas sensações, sentimentos, pensamentos, respostas motoras e emocionais, a aprendizagem e a memória, a ação das drogas psicoativas (estimulantes), as causas das doenças mentais e qualquer outra função ou disfunção do cérebro humano não poderiam ser compreendidas sem o conhecimento do mágico processo de comunicação entre as células nervosas (neurônios).

[39]Cardoso, 2000.

Neurotransmissores são substâncias químicas produzidas pelos neurônios, as células nervosas por meio das quais são enviadas informações a outras células nervosas. Os impulsos nervosos passam de uma célula a outra, criando uma cadeia de informações dentro de uma rede de neurônios. Diferentes tipos de células nervosas secretam diferentes neurotransmissores. Foram identificados por volta de 60 neurotransmissores, que podem ser classificados em quatro categorias:[40]

1. Colinas: a acetilcolina controla as áreas cerebrais relacionadas à atenção, aprendizagem e é o principal transportador da memória.
2. Aminas biogênicas: a serotonina, que tem efeito no humor, na ansiedade e na agressão; as catecolaminas, como a dopamina, que controla os níveis de estimulação e controle motor em muitas partes do cérebro; e a noradrenalina, que induz a ativação física e mental e o bom humor.
3. Aminoácidos: nos quais se encontra o glutamato, que estabelece os vínculos entre os neurônios e é fundamental para a aprendizagem e para a memória de longo prazo.
4. Neuropeptídios: muitos são implicados na modulação ou transmissão de informação neural.

Os neurotransmissores agem nas sinapses. A transmissão sináptica é o processo-chave na ação interativa do sistema nervoso.[41]

---

[40]Ibidem.
[41]Ibidem.

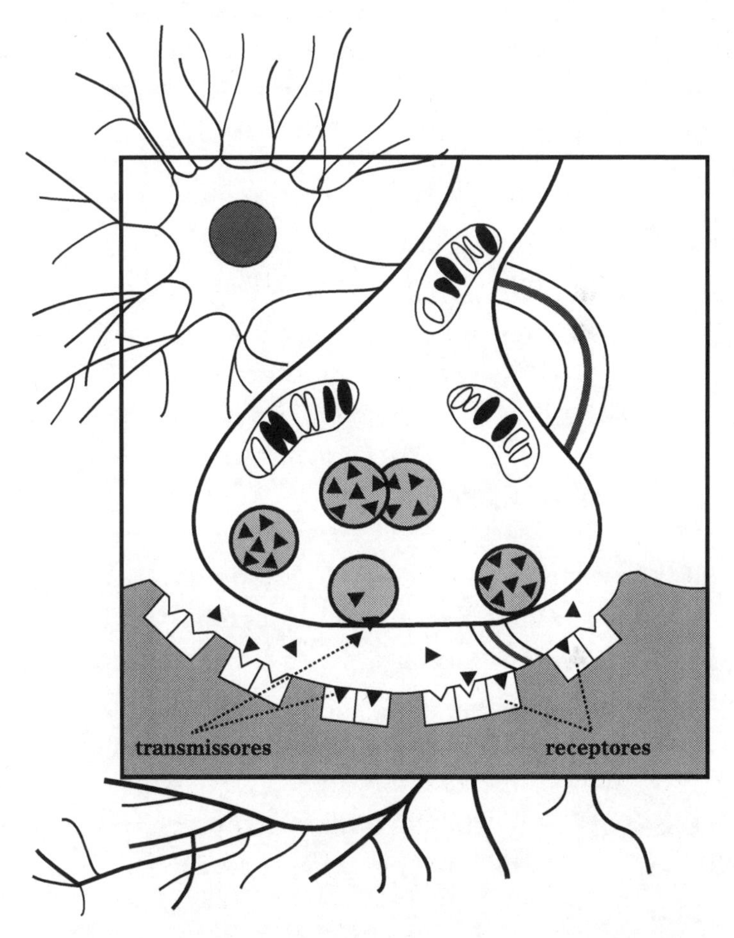

Ilustração inspirada por imagem de: *Revista eletrônica do Departamento de Química da UFSC.* "Neuroquímica: a química do cérebro", em 11/07/2009.

Na gravura vemos a fenda pré-sináptica, com os neurotransmissores contidos em vesículas. O impulso elétrico, que percorreu o axônio saltando pela mielina, chega ao fim da célula nervosa, abre as vesículas e libera seus conteúdos, os transmissores, que carregam esse impulso ao neurônio vizinho, atravessando a sinapse.

Quando tudo funciona adequadamente, as comunicações internas acontecem sem tomarmos consciência delas. Porém, alterações na quantidade de neurotransmissores, em determinadas áreas do cérebro, podem ocasionar:

- o comprometimento no sistema de "freio", que conduz a um quadro de agitação psicomotora e impulsividade e pode resultar em déficit de atenção, como também em hiperatividade;
- maior agitação: a pessoa não consegue ficar quieta, se concentrar, se fixar nas atividades, é hiperativa ou hipoativa.

Tanto a criança hipoativa como a hiperativa, a que tem déficit de atenção, de concentração e de memorização, e também a disléxica, podem ter uma inteligência normal com muitas sinapses e trilhas nervosas, mas talvez não consigam utilizá-las, devido provavelmente, entre outros motivos, a falhas na mielinização dos neurônios ou a um desequilíbrio nos neurotransmissores necessários para um bom funcionamento cerebral.

2.5 A memória

Segundo Kandel, "somos o que somos devido, em grande parte, ao que aprendemos e lembramos".[42] A memó-

[42]Kandel, 2005.

ria é função das sinapses, de uma boa mielinização do axônio do neurônio e de reações bioquímicas.

Com a memória, o processo é semelhante ao das trilhas feitas entre os neurônios. É pela repetição das informações que elas se fixam na memória. Se “deu branco”, é porque o conhecimento ainda não se consolidou no córtex, lugar do cérebro onde a memória fica arquivada.

Temos a memória de curto prazo, como esta agora em que o leitor decodifica estas linhas, mas na semana seguinte provavelmente já as esqueceu. Essa memória só serve para fazer os trabalhos e o pensar imediatos. A memória que realmente tem tudo guardado no “arquivo”, a que pode ser acessada em qualquer momento e época da vida, é a memória de longo prazo. Para que os conhecimentos fiquem gravados lá são necessárias *repetições*. Esse tipo de memória se acumula lentamente no curso de recapitulações.[43] Cada vez que certos tipos de sinais sensoriais passam através de uma sequência de sinapses, elas se tornam mais capazes de transmitir os mesmos sinais na próxima vez.[44] Algumas pessoas precisam de mais repetições, outras menos; mas sem repetição novos conhecimentos não ficam retidos na memória de longo prazo. Diferentemente do conhecimento, a vivência, a memória da própria biografia, não precisa ser repetida, é lembrada acontecendo uma só vez.

---

[43]Ibidem.

[44]Guyton; Hall, 2006.

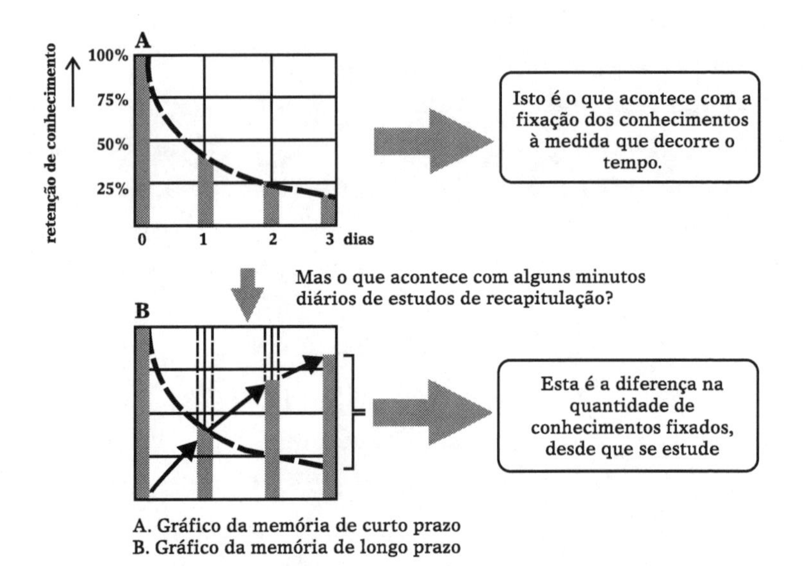

A. Gráfico da memória de curto prazo
B. Gráfico da memória de longo prazo

Fonte: arquivo pessoal

Nesses gráficos de retenção de conhecimentos, o gráfico superior representa a memória de curto prazo, cujo conteúdo logo esquecemos. Por exemplo, aprendemos algo novo e entendemos 100%. No dia seguinte, só lembramos talvez 45%; após dois dias, uns 25% e assim sucessivamente vai se esquecendo aquilo que havia sido fácil no dia da explicação. Isso vale para todas as idades, inclusive adultos. Quando vamos a uma palestra que adoramos e no dia seguinte queremos contar para um amigo o que ouvimos, só lembramos menos da metade do que foi dito. Uma semana depois, lembramos pouco sobre o assunto da palestra. E assim por diante.

O gráfico inferior representa a memória de longo prazo e mostra como os conteúdos se armazenam no cérebro. Podemos ver que no dia seguinte lembramos somente 45% do assunto, mas se lermos algo ou fizermos alguns exercícios relacionados ao assunto voltaremos a lembrar 70% do conteúdo inicial. E se no dia seguinte fizermos uma nova leitura ou mais exercícios fixaremos talvez 80% e assim sucessivamente, até atingirmos os 100%, isto é, teremos gravado o assunto no cérebro e guardado o conhecimento no "HD" do arquivo da memória de longo prazo.

Neste processo de gravar na memória, o conhecimento novo fica estocado numa parte do cérebro denominada hipocampo. Com a revisão repetida desse novo conhecimento associada ao sono (à noite, dormindo, o organismo produz o hormônio que atua no processo de memorização), empurra-se paulatinamente o assunto novo para o córtex cerebral, região onde temos a memória de longo prazo, isto é, onde as memórias antigas são definitivamente arquivadas.

A Coreia do Sul, em sua enorme arrancada em busca de uma educação de qualidade, tornando-se um dos países mais avançados no ensino, exige que os alunos cheguem uma hora antes de as aulas começarem. Os estudantes ficam nas salas de aula revisando ou relendo a matéria que foi dada no dia ou na aula anterior. Isso faz com que eles relembrem o assunto, e o professor não perde tanto tempo em revisar e fixar a matéria. É o processo natural mais rápido de guardar conhecimentos na memória de longo prazo.

Estudar não significa tentar gravar todo o conteúdo na véspera de uma prova, pois aí pode dar branco, não dá para fixar tudo. Estudar é revisar todos os dias as matérias ensinadas na escola. Com esse método, o aluno sempre saberá a matéria e não precisará se preocupar com a marcação de provas, com provas de surpresa nem com acúmulo de provas em um só dia. Como a profissão de um estudante é adquirir conhecimento, ele deve estudar diariamente. O exercício diário favorece a memorização, que também depende do bom funcionamento do sistema nervoso. A aprendizagem também se dá pela repetição.

3. A importância do sistema nervoso

A base de uma vida bem-sucedida está relacionada diretamente ao bem-estar físico e emocional. A saúde mental e física de qualquer indivíduo depende do seu sistema nervoso. A inteligência está intimamente ligada a estímulos adequados e à integridade neurológica. Persistência, controle das emoções, ter pavio curto ou ser calmo, concentração, doenças psicossomáticas, sono, euforias excessivas ou depressões e desespero refletem o funcionamento do sistema nervoso.

Um sistema nervoso debilitado pode levar a um comportamento irrequieto, dificultar a capacidade de deduzir e resultar num déficit de inteligência. Para uma vida bem-sucedida e feliz é necessário basicamente ser amado, valorizado no ambiente em que se vive, ter um sistema nervoso saudável e muita disciplina.

Do sistema nervoso basicamente depende o viver de cada ser humano. O centro nervoso dirige tanto as atividades conscientes de um indivíduo (trabalhar, pensar, ler) como também suas funções vitais vegetativas (funcionamento do coração, pulmões, intestino, rins e outros).

O médico gaúcho Juarez Nunes Callegaro[45] mostra a importância do sistema nervoso: "Os neurônios sustentam a percepção, o raciocínio e as emoções; também produzem substâncias como neurotransmissores, neurotrofina, vários tipos de imunoglobulinas e hormônios."

Para ser e estar saudável necessita-se de neurônios saudáveis. Só então se pode ter uma personalidade equilibrada, ser feliz e decidido.

Mesmo pessoas bastante civilizadas podem sofrer de uma agressividade anormal e doentia, consequência de uma educação falha, que leva a inseguranças e fracassos. Uma pessoa que sofre de "perturbações nervosas" pode reagir com ataques irracionais de raiva em situações claramente inofensivas, enquanto uma pessoa com sistema nervoso saudável conserva a calma, mesmo diante do comportamento agressivo de outros.

Quantas pessoas estressadas se sentem facilmente ameaçadas e ficam nervosas, irritadas e de mau humor? Quantas vezes não acontecem mal-entendidos e brigas entre parceiros, devido a um nervosismo exacerbado e uma excessiva irritabilidade, que impedem um relacionamento equilibrado e afetuoso e acabam provocando separações?

Como consequência de um sistema nervoso debilitado, pessoas com pavio curto explodem facilmente. Outras não conseguem se concentrar direito, pois têm dificuldade de lembrar-se das coisas, possuem uma

---

[45]Callegaro, 2006.

memória muito fraca, distraem-se facilmente e são lentas no pensar e no agir.

Crianças com um sistema nervoso funcionando inadequadamente muitas vezes são hiperativas. Algumas, ao menor contratempo ou frustrações já choram e facilmente têm um colapso nervoso. Frequentemente são teimosas e obstinadas e podem desenvolver depressão e tristeza profunda, que não conseguem explicar, muito menos controlar.

Ao contrário, pessoas com sistema nervoso bem estruturado e funcionando adequadamente são geralmente equilibradas em qualquer situação da vida.

3.1 Fatores que fortalecem o sistema nervoso saudável

A formação e o fortalecimento do sistema nervoso dependem dos seguintes fatores e cuidados:

- constituição genética no que diz respeito à boa formação e multiplicação das células nervosas,
- estimulação diversificada, que forma diferenciados caminhos neurais;
- pertencimento, valorização e sentir-se amado;
- movimento e sol;
- rotina diária, disciplina, regras e limites;
- suficientes horas de sono, especialmente antes da meia-noite;
- leite materno;
- atenção ao papel nocivo de açúcares e farinhas refinadas;

- cuidados com alimentos com excesso de agrotóxicos e substâncias neurotóxicas em geral;
- alimentação apropriada — sais minerais e vitaminas;
- controle das verminoses.

3.1.1. Aprende-se por amor a alguém: um esclarecimento sobre pertencimento, valorização e sentir-se amado

A criança ao nascer precisa sentir-se querida, desejada e receber carinho. Todo contato deve ser amoroso. Isso lhe fornece segurança emocional, e esse afeto vai dar suporte durante toda sua existência psíquica.[46] Para que o filho possa se sentir especial, ao longo de toda a sua infância e adolescência ele precisa de um tempinho juntos com os pais.

Tempo esse para brincar, ler um livro juntos, passear no parque, ouvir histórias. E quanto maior o filho for ficando, maior a necessidade de conversas e atenção. Jogar bola juntos, fazer caminhadas, ouvir atentamente sobre o seu dia, suas alegrias, suas preocupações, seus problemas, participar também das possibilidades de solução. Os filhos devem poder contar aos pais o que se passa em seu coração. Essas atitudes demonstram amor e fazem com que eles se sintam amados. Essa aproximação afetiva forma um vínculo entre filhos e pais, pois esses participam de suas vidas. E o sentimento de que podem efetivamente

[46]Winnicott, 1982.

contar com alguém vai torná-los seguros e confiantes perante os conflitos que terão de enfrentar.

A criança é um ser social, e parte de sua conduta visa a saber seu lugar no ambiente em que vive e como pertencer a ele. Sua segurança depende, então, desse grupo. Ela procura encontrar meios e usa de artifícios para sentir-se parte de sua família ou escola. Uma criança malcriada muitas vezes se sente desvalorizada. Seu sentimento de fazer parte de um grupo foi interrompido e dessa maneira procura atrair a atenção dos pais por não se sentir amada.[47]

Uma das formas de fazer com que a criança se sinta útil seria a de propor-lhe executar tarefas caseiras em conjunto, pois se sentirá fazendo parte dessa família, fortalecendo assim sua autoconfiança.[48] Ao ser introduzida em pequenos afazeres, quando adulta também poderá administrar melhor seu lar, seu ambiente ocupacional, além de estar provavelmente mais bem resolvida psicoafetivamente e ser bastante resiliente. O lar não deve ser um hotel cinco estrelas, para usufruir sem participar, pois poderá gerar um sentimento de que o mundo lhe deve o que deseja.

Elogiar quando merecido, motivar, estabelecer regras claras e agir com coerência poderão formar filhos confiantes. Palavras positivas, de afeto e valorização por parte dos adultos podem fazer toda a diferença para a felicidade da criança no futuro. A emoção é a principal força motivadora do homem.

---

[47]Dreikurs, Soltz, 1995.

[48]Miller de Paiva, 1990.

O psiquiatra Yoshioki Ohki[49] frisa: "A emoção regula o organismo e serve como uma central no processo de organização no cérebro."

Os romanos diziam que um corpo sadio leva a uma mente sadia. E o inverso também é verdadeiro. Uma mente sã proporciona um corpo são. Na psicossomática vemos como problemas da mente se manifestam em distúrbios no organismo físico de um indivíduo. Quando o afeto, nutriente mais importante da parte psíquica de um indivíduo, deixa de existir, sua capacidade emocional fica afetada negativamente e sua mente não consegue trabalhar de forma adequada. A emoção negativa perturba a produção de hormônios necessários para um bom funcionamento cerebral.

3.1.2. Amor

A afetividade é um fator importante para uma boa formação do sistema nervoso.

Na infância, a criança é ávida por carinho e afeto, precisa sentir-se valorizada, amada e saber constantemente que ocupa um lugar especial no coração do adulto educador. Esse narcisismo e egocentrismo iniciais da vida são importantes e devem ser atendidos. O amor recebido nessa fase será o reservatório do qual o indivíduo se abastecerá por toda a sua vida. Servirá para que consiga ser amoroso com os outros e não queira sempre "sugar", e será sua base de segurança para acreditar em si mesmo e em suas potencialidades. Também fará

---

[49]Ohki, 2009.

com que ele saiba que pode ser como é e que não precisa copiar os outros para ser aceito. O amor é essencial para que uma criança possa crescer em paz e feliz e se torne capaz de enfrentar com brio os dissabores da vida. Porque dentro dela foi instalada uma inesgotável fonte de bem-estar que lhe proporciona segurança que a sustentará durante sua existência. Além de ajudar a desenvolver um sistema nervoso saudável.

Aprende-se por amor a alguém, dizia Freud. Uma criança de 5 anos ajuda a pôr a mesa não antevendo a refeição que virá ou um aluno de 8 anos estuda não antevendo seu futuro, mas por amor a seus pais ou professores, tal a importância do vínculo afetivo formado entre pais e filhos, assim como entre professores e alunos.

Durante a gestação, o filho já sente todas as emoções de sua mãe e do ambiente. Ainda no útero, a criança, percebendo-se desejada, forma bons neurônios e já começa a se tornar psiquicamente segura; caso contrário, pode não formar tão bons neurônios.[50]

Quando o filho não sente que é desejado, não se sente amado e torna-se inseguro. Emoções como insegurança, medo e ansiedade levam, silenciosamente, ao desequilíbrio bioquímico do sistema nervoso central e de todo o organismo. O afeto faz os órgãos falarem. Não se pode separar a mente do organismo. O efeito das nossas emoções e dos nossos pensamentos sobre o organismo pode ser comprovado até mesmo através de exames clínicos.[51] Emoções positivas induzem a produção de

[50] Verny, 1989.
[51] Carvalho, 2009.

substâncias bioquímicas e neuroquímicas e também induzem reações químicas no organismo mais potentes do que medicamentos que agregam valores saudáveis. Um estado emocional positivo provoca emissão de endorfinas no cérebro, que dispara um fluxo de acetilcolina, um neurotransmissor importante na aprendizagem, que ajuda a máquina da memória a funcionar. Emoção e memória são sistemas interligados.

Emoções negativas, como medo, raiva, insegurança, sentimento de desvalia, dificultam a aprendizagem.[52] O estresse negativo libera um hormônio, chamado cortisol, que produzido em excesso inibe os neurotransmissores benéficos à aprendizagem.

O afeto produz emoções; temos então os sentimentos, que geram os pensamentos. Não existe sentimento sem pensamento. Por trás de cada pensamento há uma base afetiva: evolutiva ou não. Percebe-se o mundo pelos sentimentos, por meio de estímulos recebidos pelos sentidos. Esses estímulos, positivos ou negativos, geram sentimentos de presença ou ausência de respeito mútuo, de pertencimento ou isolamento, de valorização ou desvalia.[53]

3.1.3 Mimo

Amar não é mimar. Amar é o interesse dos pais pelo dia a dia dos filhos e isso engloba tudo: vivências, alegrias, amizades, escola, preocupações. Amar é quando os pais se disponibilizam para seu filho apesar dos inúmeros

[52] Laurenti, 2004.
[53] Ibidem.

compromissos sociais. O amor genuíno requer tempo para se conhecer, para crescer e se manter.

Mimar é satisfazer todos os desejos, é um permitir sem limites e sem regras. Mas isso é simplesmente permissividade e a criança não amará seus pais por isso. O mimar faz o filho dominar os pais por meio de um egoísmo imensurável, que mais tarde pode degenerar em excessos desmedidos e até em crueldades.

Quantos exemplos temos visto na mídia ultimamente! Pais que, por excesso de mimo, não puderam crescer ou amadurecer psiquicamente e desenvolveram um enorme egocentrismo acabam por matar seus próprios filhos. Filhos que matam seus pais, apesar de terem sido as princesas ou os príncipes do lar, de sempre terem recebido tudo o que queriam e ter podido fazer o que queriam. Porém bens materiais ou permissividade não formam vínculos de amor, não atingem a alma, nem o sentimento. Amor verdadeiro é um bater conjunto de corações; esse, sim, forma vínculo afetivo.

A pessoa que não recebeu amor verdadeiro, mas somente mimo e bens materiais, não aprende a amar, nem a seus pais, nem a futura esposa ou companheiro, nem a seus próprios filhos. Só tem um egocentrismo incontrolável. Mimar não permite adquirir autoconfiança, nem segurança e muito menos disciplina e autocontrole. O mimado torna-se um preguiçoso e antissocial. Mimar não educa o ser humano. Muitos pais mimam na esperança de que assim o filho vá gostar mais deles. Só que mimar não faz isso. Em inglês mimar é *to spoil*, o que também quer dizer estragar. É o que realmente acontece. Adultos que ficam doentes depois de uma desilusão demonstram uma imaturidade emocional causada pelo complexo da criança mimada, por não saberem lidar com frustrações, já que os pais procuravam satisfazer seus mínimos caprichos.

3.1.4 Estresse

As dificuldades no vínculo afetivo entre a criança ou o adolescente e seu educador repercutem nas atividades do eixo hipotálamo-hipófise-suprarrenal. Há maior secreção de cortisol quando o educando é submetido a estímulos estressantes. O não pertencimento e o não reconhecimento pelas pessoas do ambiente em que se vive ou está inserido são grandes geradores de estresse pela ansiedade.

Cientistas da Universidade McGill, do Canadá, pesquisaram como o estresse crônico pode levar as crianças, os adolescentes e os adultos a terem problemas de memória ou dificuldades de aprendizagem.[54] Em situação aguda de estresse, o cérebro também fica temporariamente paralisado e o indivíduo tem dificuldade de pensar e conseguir se concentrar nas atividades.

Em quantidades normais, o cortisol é um hormônio muito importante, pois estimula o organismo à vida: é o hormônio da vigilância. Logo de manhã ele atinge seu ápice de produção para ativar e ajudar o organismo a acordar e diminui durante o dia. Essa produção de cortisol em maior quantidade no início do dia faz os órgãos dos sentidos, como a audição e a visão, e o cérebro ficarem mais alertas e saírem do estado de sonolência e prepara também o restante do corpo, como o coração,

---

[54]McEwen, 2008.

pulmão, fígado, para as atividades diurnas. É por isso que muitos infartos do miocárdio acontecem de manhã, após o coração receber o estímulo para acordar, pois o cortisol não sabe que o indivíduo tem cardiopatia. Já para aprender, este é o melhor horário, pois o cérebro está mais alerta.

O ciclo do cortisol tem seu pico no início da manhã, entre 7h e 8h, e diminui no decorrer do dia.[55] À noite interrompe sua ação para que possamos dormir. Então outro hormônio, a melatonina, inicia sua tarefa e induz o sono. No caso de a pessoa estar angustiada e estressada poderá ocorrer o contrário, fazendo com que o organismo produza cortisol extra, fora do horário natural, podendo até causar insônia. Também em situação de medo, por sentir-se desprotegido, o organismo continua a liberar cortisol continuamente para ficar alerta contra o suposto inimigo. O cortisol, em excesso, intoxica, envenena e pode atrapalhar a aprendizagem.[56]

Uma criança, ao sentir-se insegura e ansiosa (por não se sentir valorizada pelo seu educador, por exemplo), entra num estado de estresse emocional, e seu organismo passa a produzir cortisol em excesso. Esse aumento contínuo leva à perda de neurônios e ocasiona dificuldades de concentração, raciocínio e memória, além de baixar a imunidade.[57] A emoção dirige a atenção. Importa muito a emoção do momento, o quanto ela é impactante na vida da pessoa. Um susto pode impedir a formação da memória, por exemplo.

---

[55]Touitou, 2007.
[56]Miller de Paiva, 1990.
[57]Blech, 2008; Herculano-Houzel, 2009.

O cortisol em excesso mata ou danifica as células cerebrais. Ele rompe o metabolismo normal dessas células, o que facilita a produção de radicais livres, que podem destruí-las.[58]

Segundo Dharma Singh Khalsa,[59]

> numa situação estressante, o excesso de cortisol liberado inibe a utilização de glicose pelo principal centro de memória, provocando ali uma deficiência de energia, impedindo o cérebro de armazenar quimicamente uma memória. A superprodução de cortisol também interfere na função dos neurotransmissores e as células cerebrais não conseguem se comunicar umas com as outras, como num organismo saudável.

Estresse crônico é como uma droga para o órgão do pensamento. O estresse não só interfere na maneira de se trabalhar como altera a estrutura do sistema nervoso. Sua influência maior é sobre o hipocampo, região do cérebro responsável pelo aprendizado e pela memorização. Em três semanas de estresse intenso o volume do hipocampo diminui em 3%. Células nervosas, que normalmente têm muitas ramificações, atrofiam e recolhem suas antenas nervosas.[60] Um estado psicoemocional extremamente abalado pode impedir o processo de aprendizagem.

Porém, cessando o estresse, as células nervosas podem se recuperar. No hipocampo podem ser formadas novas células nervosas que se expandem.[61]

---

[58]Merck, 2007.
[59]Khalsa, 2005.
[60]Dagher, 2008.
[61]Ibidem.

Obtendo-se aceitação familiar, escolar e social, o que é percebido emocionalmente como amabilidade e afeição, fica-se mais resistente às situações de estresse. Com relações afetivas e carinhosas, produz-se o hormônio ocitocina, que motiva o aprender, o crescer, o se desenvolver e inibe fobias.[62] Vendo o mundo de uma forma positiva, o cérebro inibe a produção de adrenalina e cortisol extras e libera para a circulação uma grande quantidade de endorfina, proporcionando ainda mais bem-estar e fazendo o organismo todo funcionar bem.[63]

Em uma classe escolar, foram observadas 35 crianças. As crianças mais impulsivas, hiperativas e inquietas apresentaram um alto nível de cortisol em todos os níveis (hipotálamo, hipófise e suprarrenal).[64]

Noutro caso, um menino nasceu com o cordão umbilical envolto no pescoço. Os segundos em que ficou sem oxigênio causaram danos em seu cérebro. Não conseguia mexer a perna direita, e mesmo com fisioterapia obteve apenas uma melhoria apenas parcial. Ficou mancando até a adolescência. Com 8 anos ainda não conseguia falar muito e ficava estrábico quando alvoroçado.

Sua mãe sempre o tratou igual aos outros irmãos, nunca como um coitado, nem disse uma única vez sequer: "Deixe, você não consegue, eu faço para você." Ele nunca sentira que era diferente e mais desajeitado do que os outros. O contato amoroso diário e o tempo

---

[62]Herculano-Houzel, 2009.
[63]Carvalho, 2009.
[64]Bruce, Davis, Gunnar, 2002

dedicado a ele eram sagrados. Quando entrou na 1ª série, a turma toda ria e zombava dele — o famoso e conhecido hoje como *bullying* — porque era mais velho e principalmente porque não conseguia formar frases e só dizia palavras soltas.

A professora perguntou-lhe:

— Quer que eu fale com a turma?

— Não — ele respondeu.

Ela ficou perplexa:

— Mas por que não, você não fica triste quando eles fazem chacotas de você?

— De jeito nenhum. Até tenho dó deles, pois são tão burros... Minha mãe é muito mais inteligente do que eles e ela me ama!

Esse menino tinha suas limitações físicas, mas o amor que recebera em casa, apesar de fazer parte de uma família sem recursos materiais, não lhe deixou nenhum complexo de inferioridade. Pelo contrário, esse amor forneceu-lhe uma boa segurança emocional e ele acabou sendo sempre amado e respeitado por todos que conviviam com ele. Tornou-se um adulto feliz e bem-sucedido. Ele acreditava em si próprio e nunca se sentia ofendido. Ele era simplesmente ele. O amor estrutura. O amor constrói.

Como o lado esquerdo do cérebro (responsável pela linguagem) desse garoto fora lesionado durante o nascimento, sua mãe colocou-o na 1ª série somente aos 8 anos. Amadurecido psiquicamente, sua vida escolar seguiu sem dificuldades: estudou medicina em uma universidade federal e ao formar-se era o médico mais novo da turma. Não precisou fazer cursinho, sempre passou direto.

O afeto é o alimento mais poderoso para as emoções, o sistema nervoso e o sistema imunológico. Além disso, em um relacionamento em que há vínculo afetivo, crianças e adolescentes aceitam a disciplina, os limites e as regras como naturais, por amor.

A boa educação é como uma carruagem puxada por dois cavalos: o do amor e o da disciplina com limites. Os dois precisam puxar com a mesma intensidade para chegar ao destino. Se um puxar mais para seu lado, a carruagem desvia-se da trilha e poderá seguir um rumo não desejado.

3.1.5 Movimento e sol

O exercício físico não só é importante para os sistemas cardiovascular, respiratório e musculoesquelético, como também aumenta a provisão de todas as regulações biológicas do organismo, restaurando-o na mesma intensidade dessas atividades, que devem ser compatíveis com cada organismo, nunca exagerada. Sempre que possível ter acompanhamento de um profissional da área. Uma das teorias para a ocorrência do TDAH é a da hipofunção dopaminérgica e noradrenérgica. Movimentar-se, além de ajudar a formação de sinapses, promove neuro-hormônios importantíssimos na área do bom humor: os neurotransmissores da alegria, como dopamina, serotonina, noradrenalina e endorfina. Esses neuro-hormônios começam a ser produzidos após 20 minutos de exercícios contínuos. Nesse caso específico, a regulação do humor fornece resistência e resiliência às sobrecargas psicoafetivas do dia a dia. Crianças com déficit de atenção e hiperatividade também podem melhorar seu desempenho com uma caminhada contínua de mais de 20 minutos num parque, por exemplo. Atividade física é sinônimo de saúde global, enquanto o sedentarismo, essa grande catástrofe da humanidade, é sinônimo de doença física e psíquica.

O sol estimula, entre outros, a produção de vitamina D na pele, que por sua vez estimula a dopamina, a qual estimula a serotonina. No déficit de atenção há pouca dopamina à disposição.[65] Dopamina estimula os sentidos prazerosos do nosso organismo e tem um papel importante na motivação, atenção e concentração. Um estudo do Programa Nacional sobre Alimentação Humana do Serviço de Pesquisa Agrícola do Departamento (Ministério) da Agricultura dos Estados Unidos,[66] com mais de mil participantes entre 65 e 99 anos, detectou que somente 35% deles tinham níveis suficientes de vitamina D no sangue. Em testes cognitivos, esses tiveram um desempenho bem melhor do que aqueles que tinham deficiência da vitamina D. Os testes mediram flexibilidade cognitiva, percepções complexas e raciocínio. Tomar sol em horários adequados é benéfico à saúde física e emocional, e proporciona uma boa qualidade de aprendizado.

3.1.6 Rotina, disciplina, regras e limites proporcionam segurança emocional

No gráfico 3 podemos observar que quando a criança nasce já possui bilhões de células nervosas, mas ainda

[65] Wölkart, 2010.
[66] Bliss, 2010.

precisa formar os caminhos neurais. É como se ela estivesse no meio de uma enorme planície, sem começo, sem fim, sem horizontes: sente-se perdida, sem saber para onde ir, é como se houvesse caos. Ela precisa de orientação para aos poucos formar e fixar trilhas neurais, que lhe servirão de guia e a orientarão durante sua vida.

Nesse sentido, a rotina, a disciplina e os limites irão proporcionar-lhe a segurança para poder explorar o ambiente, fazer suas descobertas e realizar suas experiências. Essa segurança emocional fornece equilíbrio psicoafetivo e um sistema nervoso sólido proporcionado pela calma e objetividade do ambiente.

A criança precisa conhecer bem o seu dia a dia, pois, pela imaturidade de seu sistema nervoso, ela não consegue suportar o imprevisível, o que gera angústia e ansiedade, tendo como consequência o não desenvolvimento adequado do seu sistema nervoso. Para que o sistema nervoso se desenvolva bem, a criança precisa saber exatamente o que vai acontecer, e não ficar à espreita de surpresas. A regularidade de hábitos e a rotina diária organizada fornecem condições para que a criança possa se concentrar.

3.1.7 Disciplina

Quando se deve começar a disciplinar uma criança?

A partir do seu nascimento, quando se estabelece uma rotina diária. Tudo deve acontecer por volta de uma hora estabelecida. Mesmo se o coração materno amolecer, é preciso lembrar que é para o bem da criança.

Geralmente se diz: "Meu amorzinho ainda é tão novinho, é cedo demais para exigir disciplina. É tão doce e tão inocente, olhe só, este rostinho de anjo!" Mas, apesar de tudo, o pequeno anjo já tem de aprender disciplina, pois um bebê é incrivelmente esperto e com poucos dias de vida já sabe dominar seus pais.

Horários fixos são um alívio tanto para o bebê como para sua mãe e o deixam seguro. Assim, ri alegremente se alguém aparecer no seu berço, mas não chora quando fica sozinho. Ele brinca satisfeito com os dedos dos pés ou das mãos, até chegar a hora de mamar, ganhar colo, tomar banho ou passear. Ele se torna uma criança calma e alegre, com nervos firmes e bons, porque tem segurança. O sempre esperar por algo inusitado pode deixar o filho agitado e pode atrapalhar na mielinização.

Dar de mamar a qualquer hora ou não impor um horário para dormir são traços de permissividade.[67] Se alguém quiser um bebê exigente, tirano, infeliz e com sistema nervoso fraco, dê-lhe colo sempre, embale-o e amamente-o logo que comece a se agitar. Com certeza o objetivo será alcançado bem rapidamente.

De acordo com os pediatras Ezzo e Buckman, as necessidades dos filhos são mais previsíveis quando os pais os educam com rotina e disciplina. Assim os pais podem organizar melhor seu tempo e lidar com sua prole emocionalmente mais calmos.[68] Já pais que deixam o filho decidir o que fazer e a que hora fazer tendem eles mesmos a serem emocionalmente mais

[67]Berger; Berger, 1980; Berger; Luckman, 2006.
[68]Ezzo, Buckman, 1997.

nervosos e, de certa maneira, prisioneiros da imprevisibilidade dos pimpolhos.[69] Isso deixa os filhos nervosos pela instabilidade do ambiente.

Uma criança que vive choramingando mostra sinal de insegurança emocional e de um sistema nervoso debilitado. Os pais só estarão fazendo o bem aos filhos ao serem realmente firmes, mesmo se preferissem muito mais agradá-lo e satisfazer todas as suas vontades.

A falta de limites, de disciplina e de rotina são como dois fios desencapados tocando-se, em curto-circuito. Estão sempre em choque e isso impede uma boa formação nervosa e emocional. Será que vou passear? Será que vai acontecer alguma surpresa? O que vou fazer agora? É como se o estímulo nervoso fosse solicitado em diversas posições ao mesmo tempo e não pudesse seguir calmamente uma trilha determinada e fosse dispersado para várias direções, como acontece na criança hiperativa ou naquela que não se concentra.

Havendo rotina, a criança brincará por si só e saberá também quando alguém irá brincar com ela. Seu sistema nervoso se fortalece e o vínculo afetivo com os pais se estreita.

Por exemplo, uma mãe está cozinhando. Sua filha de 3 anos brinca perto dela. De repente, levanta e pede para a mãe abraçá-la. A mãe o faz e diz: "Por que você não coloca sua boneca no carrinho e passeia um pouco com ela?" "Mas eu gostaria que você brincasse comigo." "Sim, mas você precisa esperar um pouco, até eu terminar de fazer o almoço." Minutos depois a pequena torna a requisitar a mãe, que lhe pede para

[69]Ibidem.

esperar. "Mãe, eu preciso fazer xixi." "Você já sabe ir sozinha!" "Mas não sei abrir a calça."

Aqui está muito claro que a filha quer atenção e não tem rotina. Se a mãe tivesse organizado um determinado horário para brincar com ela, a garota estaria muito mais segura de si. Filhos necessitam de atenção. Mas dar atenção em horário impróprio não é coerente, é ser permissível. A melhor maneira para se manter um relacionamento harmonioso e feliz com seu filho é estabelecer um horário para brincarem juntos. Esse horário pertence ao filho. Nesse horário a mãe não vai atender o telefone, nem olhar o que falta na despensa. A criança sabe que pode contar com esse momento interativo. A mãe também precisa ser disciplinada para poder cumprir o trato: é como marcar um compromisso na agenda.[70]

3.1.8 Acompanhamento familiar

Uma criança ou um adolescente que pode fazer o que quer, quando quer e toma as decisões em casa sem, no entanto, ainda ter condições de maturidade psíquica para tal, facilmente tem comportamento hiperativo. A neurocientista Suzana Herculano-Houzel[71] enfatiza que

> a capacidade de se colocar no lugar de outros e a de antecipar as consequências de seus próprios atos, bases para as decisões equilibradas do adulto, só chegam ao final da adolescência pela força das mudanças no cérebro e das experiências vividas.

[70]Dreikurs, Soltz, 1995.
[71]Herculano-Houzel, 12/4/07.

A criança e o adolescente precisam de um acompanhamento familiar. A falta de rotina e de limites pode gerar um indivíduo com comportamento hiperativo com dificuldades de se concentrar numa ocupação. Pula de uma atividade a outra, não termina o que começou, pois rapidamente perde o interesse, apresenta falta de atenção, distrai-se facilmente, torna-se impulsivo, desorganizado, mal-humorado, irritado. Nesse sentido, seu sistema nervoso é fraco.[72]

A organização externa, com o tempo, torna-se organização interna.[73] Quem é bagunceiro externamente também o é internamente com seus valores e suas atitudes.

Se a criança não for acostumada desde o início a terminar uma atividade e guardar seus brinquedos e roupas após usá-los, vai agir assim também em outras situações, como nos estudos, pois organizou suas trilhas sinápticas dessa maneira e não se concentra muito tempo numa atividade só. Ensiná-la a terminar um quebra-cabeça, fazer atividades de comparação e brincar com jogos que exijam atenção ajudam a exercitar a concentração.

Uma pessoa que não aprendeu a ter paciência nem a esperar por algo, pois seus desejos eram prontamente atendidos, não desenvolve autoconfiança, sente-se menos apreciada e muitas vezes tem ataques de cólera, que se repetem tanto mais frequentemente quanto mais rapidamente consegue o que quer.

---

[72]Amen, 2000.
[73]Bueb, 2007.

Em uma pessoa sem disciplina surge uma série de problemas. Antes de tudo seu sistema nervoso é um caos. O primeiro resultado é um egoísmo enorme que não facilita a convivência. Por isso também não sente amor pelo pai e pela mãe. Sempre só recebeu e não lhe ensinaram a retribuir. É mimada e tenta agradar para conseguir o que quer. Adora os presentes que os pais trazem, mas não sente afeto por eles. O coração de uma criança não é corrompível afetivamente e o simples fato de lhe negarem limites e regras que a ajudariam a caminhar pelo mundo produz uma sensação de que não gostam dela, de que ela não tem serventia, e instala-se um sentimento de inferioridade.

Pessoas com sentimentos de inferioridade acham difícil seguir instruções relativas a medidas disciplinares, que seriam exatamente as que lhe trariam confiança.

Segundo o psiquiatra Frank Caprio,[74] "esse imoderado autointeresse muitas vezes traz como consequência um esgotamento nervoso". É uma ansiedade tão grande ante as incertezas das eternas fontes de prazer que estressa e dificulta a formação de um sistema nervoso saudável.

O ser humano nasce com o instinto animal, de sobrevivência e satisfação. É o princípio do prazer contínuo visado pelas crianças e adolescentes o tempo todo. Espontaneamente eles não se sujeitam a regras, pois essas impedem a iminente satisfação de seus desejos e impulsos. Mas para se poder viver em comunidade, a humanização é necessária. Quando confrontado com

---

[74]Caprio, 1980.

limites, a criança ou adolescente pode até ficar emburrado por algum tempo, momento bom para ficar sozinho para a digestão da situação. Mas, após um tempo de reflexão, se houver um vínculo de afeto e respeito, superará seu desconforto e aceitará com naturalidade o limite colocado. Ao longo dos anos se sentirá mais seguro e confiante.

Quem não conhece o Duda Dursley no livro do Harry Potter?[75] Tudo lhe era permitido. Recebia tudo o que podia imaginar e mais ainda, mas nada o fazia feliz, não queria brincar com coisa alguma. Ele era agressivo, gritava, tinha acessos de raiva, batia nos pais e espancava as outras crianças. Era simplesmente insuportável. Por quê? Porque nunca lhe foram impostos limites, ele próprio era para si a medida de tudo. Isso o fazia inseguro. Pela agressividade ele tentava descobrir os limites, mas esses se retraíam, é como correr atrás do horizonte.

Crianças que cresceram num ambiente orientado por valores, como saber esperar, respeitar o outro, compartilhar, ser solidário, ajudar em casa, saber o que podem e o que não podem fazer, desenvolvem um sentimento positivo de autoconfiança e caminham mais seguros pelo mundo. A sensação de se sentir amado não se instala no filho ao deixá-lo fazer tudo o que ele quiser, nem pelos bens materiais oferecidos. O filho sente-se amado quando alguém se importa e compartilha seu tempo com ele, acredita nele e o valoriza. Com isso a criança aceita a disciplina naturalmente.

---

[75]Rowling, 2000.

3.1.9 Função: pais

Maternidade e paternidade responsável significam que os pais são os professores e os filhos, os alunos. Os pais lideram e os filhos seguem. Na qualidade de pai e mãe, eles sabem o que é melhor para o filho e vão insistir na obediência.[76]

Obedecer desde pequeno faz parte da vida. A criança que não obedece é a criança mimada. Ela faz o que quer, só ouve o que lhe interessa. Ela inventa as coisas mais absurdas para testar a reação dos pais. E finalmente não os respeita mais. Por quê? É ela quem manda, ela é o centro, o mundo gira a seu redor. Para a criança, os pais e os outros é que precisam obedecer. Alguns pais, por medo de perder o amor do filho, obedecem, satisfazem seus caprichos, suportam suas excentricidades e, se alguma vez tentam ficar firmes numa ordem, logo desmoronam ante a explosão de raiva do filhinho. "O que fazer? Ele é nervoso, não podemos contrariá-lo...", ou "O que posso fazer, ele é hiperativo..." ou "Ele poderia chorar..." O filho sabe muito bem dominar os pais.

A obediência está vinculada à disciplina e aos limites. Os pais devem exercer suas funções de autoridade (não autoritarismo!) e ocupar o lugar de referência para seus filhos. Existe um fato curioso: os pais mais "chatos" têm os filhos mais encantadores, sorridentes, que obedecem, se comportam bem, são prestimosos, estudiosos, comem de tudo e se alegram facilmente. São crianças e adolescentes que todos gostam de convidar para eventos e que progridem bem na vida. Quanto

---

[76]Bueb, 2007.

mais limites os pais estabelecem e cobram, mais feliz o filho é, e mais seguro e satisfeito se sente. Curte tudo, todos são amigos, aceita naturalmente que os outros colegas também fiquem em destaque, é equilibrado, respeita os pais e os professores, não pega nada dos outros sem pedir, respeita a mãe ao telefone, ajuda em casa e obedece naturalmente. Quando adolescente, não participa de farras nem de bebedeiras, enquanto outros adolescentes já fumam e se drogam. A adolescência é o resultado de como foi a infância, é a "prova dos nove" da infância.

Já a criança que não conhece limites está sempre descontente, não gosta de ninguém a não ser de si mesma, não respeita ninguém, é egoísta, quer sempre ser a figura principal, nada a satisfaz, escraviza os pais, nem pensa em obedecer.

O desobediente fica cada vez mais insatisfeito, respeita menos os pais, vive reclamando de tudo, é agressivo. Sempre sente um vazio no seu coração, na sua alma, mesmo os pais fazendo todas as suas vontades. (E mimo não preenche o vazio.) Essa criança precisa pôr-se sempre em evidência, pois tem baixa autoconfiança. É insegura. Na adolescência isso se agrava. Como sempre pôde fazer o que queria, com 13 anos pega o carro do pai e sai por aí. Como sua vida não tem horizontes, precisa sempre fazer coisas novas: fumar, embebedar-se e drogar-se. Porém, o princípio do prazer, que é um instinto animal, deve ser domesticado para poder se viver em sociedade.

Há crianças que só ouvem quando lhes interessa; de resto, simplesmente não o fazem. Os pais falam, chamam, gritam. Nada. Porém, de repente, o anjinho levanta a cabeça e, como se tivesse acordado, diz com um olhar angelical: "Mãe, você não acha que poderia me levar com o Roberto ao parque de diversões? Montaram uma roda gigante nova lá." A mãe se espanta. "Mas você não tem de ir à escola hoje?" "A professora é muito chata. Um dia sem vê-la me fará bem." E aí a mãe larga tudo para levar seu rebento ao parque de diversões no horário das aulas.

O mundo de um desobediente desmorona na escola. Não presta atenção nas aulas. Sempre foi acostumado a fazer o que queria! Aprender é chato. Não quer. Especialistas dão o diagnóstico: déficit de atenção — nunca obedeceu ao que se pediu! — ou desordem do processo auditivo central — sempre só ouviu o que e quando quis! — e outros tantos. Medicamentos são receitados para esses sintomas, mas as causas permanecem. Tudo fica na mesma e até piora, porque o mimo continua. E a autoconfiança despenca. Antigamente se chamava isso somente de desobediência, e o remédio era: educação.

Quanto menos preparada estiver a criança para superar as dificuldades, mais fraco se tornará seu ego. Na adolescência poderá recorrer a drogas como fuga e poderá se tornar agressivo ou deprimido quando adulto, inclusive agindo com brutalidade em algumas situações.

Quem conheceu a frustração sabe valorizar uma satisfação. Sabe que a vida é intercalada por alegrias e tristezas que não duram para sempre. Quem aprendeu a lidar naturalmente com a frustração poderá superar de uma maneira menos traumática os dissabores que a vida apresentar como, por exemplo, o fim de uma paixão amorosa. Isso se construiu com uma boa reserva de aceitação e amor na infância.

Um comportamento hiperativo, muitas vezes resultado de um desenvolvimento infantil sem regras, frequentemente é tratado apenas com uso de medicamentos, e não por meio de vivências que possibilitem à criança lidar com frustrações e satisfações.

Com neurônios saudáveis e uma boa educação, a criança tem maiores chances de se tornar uma pessoa equilibrada e feliz, com energia para trabalhar, dona de uma personalidade bem-formada e de um bem-estar familiar.

3.1.10 Sono suficiente

O sono é essencial para um bom funcionamento cerebral,[77] é reparador e protege o sistema neuroendócrino-imunológico.[78] Isto é, protege o sistema nervoso, favorece a produção dos hormônios necessários para uma vida salutar e ajuda na resistência a doenças.

Stickgold e Ellenbogen[79] lembram que "o cérebro não descansa durante o sono, mas encontra-se em franca atividade. É nessas horas que as informações recebidas enquanto se estava acordado são processadas, selecionadas, gravadas e transformadas em memória".

A qualidade do sono pode influenciar o sistema nervoso, a memória, a capacidade de aprendizagem, a hiper ou a hipoatividade, a concentração e o equilíbrio emo-

---

[77]Amen, 2000.
[78]Callegaro, 2006.
[79]Stickgold, Ellenbogen, 2008.

cional de um indivíduo. O sono tem relação direta com a consolidação das funções orgânicas fundamentais em qualquer idade. Durante o sono, ocorre a secreção de hormônios importantes para a maturação do sistema imunológico (que melhoram as defesas do organismo contra as doenças) e do hormônio GH (*growth hormone*), responsável pelo crescimento e pela regeneração dos tecidos.[80] Durante o sono são armazenados no cérebro os conhecimentos adquiridos no decorrer da vigília.[81] O sono entrecortado interrompe também a secreção do hormônio do crescimento. Noites maldormidas levam a uma desordem geral das secreções hormonais. O sono é o momento em que os estímulos do dia são organizados.[82] O sono também é fundamental para que a neurogênese (formação de tecido nervoso) aconteça.[83]

"Para que ocorra o processamento da memória, o organismo precisa realmente estar dormindo, não pode estar captando informações sensoriais, precisa-se estar alheio ao que está acontecendo ao redor", alertam Stickgold e Ellenbogen.[84]

Quando os filhos não querem dormir em seu horário fixado para assistir a mais televisão, por exemplo, os pais precisam permanecer firmes para conservar a disciplina. Enquanto a criança é pequena, pode-se levá-la até a cama sem falar muito. Isso não significa entrar num jogo de poder se a mãe o fizer como algo natural (realmente é natural!) e sem muito alarido. Se o filho

---

[80] Callegaro, 2006.
[81] Touitou, 2007.
[82] Mena, 13/5/07.
[83] Wikibooks, 2009.
[84] Stickgold, Ellenbogen, 2008.

for mais velho, então precisamos nos ater firmemente ao combinado. Os pais sempre são a autoridade do lar. A rotina na vida da criança e a firmeza de impor os limites são determinantes para um desenvolvimento sadio e equilibrado.[85]

Para a criança desenvolver um sistema nervoso bem-formado, ter uma memória de "elefante" e poder utilizar-se de sua inteligência, também a sesta da tarde deve acontecer, até a erupção do primeiro dente permanente, quando então a maior parte do sistema nervoso central já se ramificou e maturou. A criança não deve estar em atividade o dia inteiro. Se ela não quer mais dormir de jeito nenhum, então deve, pelo menos, descansar um pouco após o almoço. Crianças de 5 a 12 anos devem dormir no mínimo dez horas por dia.[86]

3.1.11 Horário de dormir

O horário de dormir não pode ser determinado pelo filho, mas pelos pais. Inicialmente o bebê dorme a maior parte do dia. Mas depois ele fica sempre mais e mais tempo acordado. E às vezes está ainda bem acordado quando chega sua hora de dormir que deveria ocorrer entre 18h e 20h. Isso porque as horas de sono antes da meia-noite fortalecem o sistema nervoso, graças aos hormônios que o corpo produz nessas horas. O sono após a meia-noite não tem tanto efeito benéfico sobre o sistema nervoso. Crianças que vão para cama às 23h ou meia-noite e dormem depois até altas horas do dia

---

[85] Ezzo, Buckman, 1997; Kast-Zahn, Morgenroth, 1995.

[86] Todeschini, 21/11/07.

podem ter mais dificuldades para ter um sistema nervoso bem constituído.[87]

Economizar nas horas de sono prejudica a cognição. Alguns fatores da consolidação da memória só são ativados quando dormimos mais de seis horas. Quando se passa uma noite em claro, o armazenamento das memórias daquele dia fica comprometido.[88]

Yvan Touitou, cronobiologista da Faculdade de Medicina Pitiè-Salpêtrière, França, alerta que o período das 21h à 1h é uma fase muito importante do sono, porque coincide com o pico da produção do hormônio GH, que diminui até parar por volta das 4h.[89]

O hormônio do crescimento (GH) é produzido durante o sono. Quando se está acordado, ele não é sintetizado.[90] Na verdade, o nome desse hormônio (crescimento) é impróprio, pois ele continua ativo mesmo depois que a pessoa para de crescer.[91] Além da promoção do crescimento, ele regenera tecidos, principalmente da massa osteomuscular.[92] Também renova as células e promove a recuperação física do organismo.[93] Por isso também é chamado de hormônio da longevidade.[94] Ana Lúcia Chaloub Chediac, nutricionista do hospital Sírio Libanês de São Paulo, ainda acrescenta que o hormônio do crescimento também é responsável pela redução da gordura corporal. E é exatamente esse hormônio que faz com que novos conhecimentos sejam arquivados

---

[87]Ezzo, Buckman, 1997; Touitou, 1999, 2007.
[88]Stickgold, Ellenbogen, 2008.
[89]Touitou, 2007.
[90]Touitou, 1999, 2007.
[91]Callegaro, 2006.
[92]Ibidem.
[93]Touitou, 1999, 2007.
[94]Callegaro, 2006.

no cérebro.[95] Como é justamente nessa fase de sono que as informações são transformadas em memória, é fundamental dormir à noite, no período em que ele é produzido em maior quantidade.[96]

O hormônio que induz o sono, a melatonina, também é chamado de "drácula dos hormônios", diz Susan Andrews,[97] "porque só é produzido quando está completamente escuro. Sua secreção começa quando o sol se põe". A natureza é sábia. Não é à toa que existe a noite. "A noite foi feita para dormir. A melatonina também é um potente antioxidante — duas vezes mais potente do que a vitamina E, ela regenera o organismo", explica Susan.[98]

Para se ter uma boa saúde é melhor dormir cedo à noite e levantar cedo de manhã.[99] Quem gosta de acordar tarde já começa o dia em desvantagem. A partir do alvorecer, o corpo produz um hormônio que faz acordar, o cortisol. Logo após o amanhecer, a taxa de cortisol no corpo atinge a concentração máxima. Essa faixa de horário é ideal para acordar com facilidade e com disposição.[100] Voltar a dormir não é o ideal; por volta das 9h o corpo começa a produzir endorfinas (analgésicos naturais), que encorajam um sono pesado do qual será difícil sair sem dor de cabeça ou mau humor.[101]

Trocar a noite pelo dia é prejudicial. O sono diurno não é tão benéfico quanto o noturno. Crianças que

---

[95]Touitou, 1999, 2007.
[96]Todeschini, 21/11/07.
[97]Andrews, 18/9/2006.
[98]Ibidem.
[99]Amaral, 1998.
[100]Ezzo, Buckman, 1997.
[101]Ibidem.

dormem com uma luzinha acesa no quarto não conseguem ter um sono tão sadio ou recuperador, porque a claridade prejudica a produção do hormônio soporífero. Proporcionar um ambiente aconchegante, calmo e escuro é fundamental para que a criança possa ter um bom sono que lhe proporcione um desenvolvimento saudável.

Segundo Callegaro,[102] a melatonina, o hormônio que provoca o sono, produz imuno-opioides que estimulam as células-tronco neurais. Se a pessoa não dorme no escuro à noite, ela produz menos melatonina, e assim os circuitos nervoso e emocional e a aprendizagem podem ficar lesionados. O sono perdido aumenta a vulnerabilidade da pessoa aos problemas psicológicos, neurológicos, hormonais e imunológicos. Esses distúrbios favorecem a má absorção de nutrientes e em consequência pode-se sofrer de insônia, estresse, depressão, ansiedade e, com isso, déficit na aprendizagem.

Há uma grande relação entre o dormir cedo e um sistema nervoso saudável. Em mais de três décadas de experiência em educação pudemos observar que crianças que às 19h já estavam na cama e adolescentes que iam dormir às 21h desenvolveram uma inteligência e memória extraordinárias, tinham uma concentração excepcional, nunca perdiam a calma e conseguiam resolver os piores conflitos facilmente, sossegados. Hoje muitas dessas crianças e adolescentes já são adultos felizes no amor, na profissão e com a vida. Mas os pais também davam o exemplo e iam cedo para os braços de Morfeu.

---

[102]Callegaro, 2006.

Um menininho de 5 anos chega um dia e diz: "Sabe, hoje eu não estou tão bem, porque ontem me atrasei para ir dormir." "Mas a que horas você foi dormir?" "Às 19h30, mas eu sempre vou para a cama às 19h." Vale a pena contar que esse garoto tem um sistema nervoso excepcional, a vida dele é bem regrada, sua inteligência é fora do comum, tem grande autoconfiança, relaciona-se muito bem com seus colegas, é solidário e amigo. É muito querido e está sempre muito feliz com tudo.

A experiência é mestre. Há crianças e adolescentes que têm uma alta capacidade de concentração, uma memória invejável, um raciocínio maravilhoso, interessam-se por tudo, querem saber mais e mais e... vão dormir tarde! Em vários casos desse tipo, o afeto materno e paterno é muito grande, e o vínculo amoroso familiar (avós e tios também são muito presentes e participam do cotidiano do educando) alimenta o cérebro positivamente.

Como o sistema nervoso central se desenvolve principalmente na primeira infância, essa deve ser uma fase de cuidados especiais e a criança não deve participar da vida social noturna dos pais, para o seu bem. Uma herança em dinheiro não vale de longe o que vale um bom funcionamento neural. O melhor presente que os educadores podem dar é proporcionar condições para que a criança tenha um sistema nervoso sadio. Capacidade de concentração e de raciocínio, em qualquer fase da vida, depende de um sistema nervoso bem estruturado.

3.1.12 Estudantes

Uma pessoa pode saber muito, mas quando seu sistema nervoso não funciona bem fica nervosa. Sua pressão sanguínea sobe, as "gavetinhas" onde guardou seu conhecimento "emperram" e ela não consegue se lembrar de mais nada. Dá "um branco", como dizem. Isso não acontece somente nas provas da escola, mas também nas horas decisivas da vida esquecem de tudo. Depois, pouco a pouco, volta a lembrança do conhecimento, mas aí já é tarde.

Assim, quem estuda até as 3h pode ter estudado muito, às vezes toda a matéria; no entanto, no exame não se lembra do que estudou. A memória falha porque o arquivamento do aprendizado do dia teve seu pico até por volta da 1h.[103] Enquanto aqueles que estudam somente, por exemplo, até as 22h e depois dormem podem até saber menos e não dominar a matéria toda, mas o que sabem eles encontram nas "gavetinhas" arquivadas em seu cérebro no momento preciso e passam nas provas da escola e da vida.

Quando os pais insistem com seus filhos para que durmam na hora certa, eles lhes dão mais do que só amor. Eles lhes fornecem uma vida salutar.

3.1.13 Leite materno

O leite materno é o alimento mais completo e perfeito no primeiro ano de vida, pois contém o equilíbrio exato de proteínas e gorduras necessárias à formação

[103] Touitou, 1999; Todeschini 21/11/07.

da mielina, o que não acontece com os outros leites. Uma criança amamentada com leite materno tem uma mielinização mais completa do que uma tratada com leite de vaca, soja ou artificial, pois esses leites têm uma formulação diferente do leite humano.

Vários elementos presentes no leite materno beneficiam o desenvolvimento neurológico, especialmente o ácido graxo DHA (docosa-hexaenoico) e o ácido araquidônico (AA). Esses ácidos graxos, além de ser componentes estruturais do cérebro, promovem a comunicação entre as células nervosas e ajudam a formar as bainhas de mielina ao redor das fibras nervosas, facilitando a neurotransmissão do impulso elétrico.[104] A concentração do ácido graxo DHA, que é da família ômega 3, varia de acordo com a dieta da mãe. Quanto mais peixes ricos em ômega 3 forem consumidos, maior será a quantidade de DHA.[105] Segundo Schwartzman,[106] o organismo de crianças maiores consegue aproveitar o DHA e AA de outros ácidos graxos, adicionados às fórmulas infantis. "Mas os recém-nascidos e prematuros não são capazes de converter as gorduras adicionadas às fórmulas em DHA e AA em quantidades necessárias à formação de mielina no sistema nervoso."[107]

Em meu trabalho na escola com as crianças, tenho observado que mães que durante a gestação tomaram ômega 3 DHA concentrado tiveram filhos com o sistema nervoso mais forte. Essas "crianças ômega 3" são calmas, coordenadas e com uma capacidade de concen-

---

[104]Schwartzman, 2007.
[105]Ibidem.
[106]Ibidem.
[107]Ibidem.

tração elevada. É interessante observar a diferença de maturidade do sistema nervoso dessas crianças em relação a outras que não receberam esse ácido graxo durante a gestação.

Não dá para fugir das leis da natureza. Para crianças que por algum motivo não puderam receber leite materno, deve-se ter um cuidado especial com as horas de sono, a composição mineral da dieta e a rotina adequada para proporcionar um sistema nervoso saudável.

3.1.14 O PAPEL NOCIVO DOS AÇÚCARES E DAS FARINHAS REFINADAS

Embora o açúcar seja atualmente um produto tradicional na mesa da maioria dos povos, ele é um inimigo da saúde. Os açúcares e os alimentos que se convertem rapidamente em açúcares, como, por exemplo, as farinhas refinadas, podem aderir permanentemente às proteínas do organismo e a outras partes do corpo por um processo conhecido como glicação.[108] No momento da adesão, há um pequeno mecanismo que provoca uma inflamação.[109] Essa inflamação produz enzimas[110] que decompõem as proteínas.[111] As moléculas de açúcar aderem também às artérias, às veias, aos ossos, aos ligamentos e ao cérebro![112] O açúcar, conforme a quantidade que ingerimos, destrói as proteínas de todas as partes do corpo e também o colágeno da nossa

[108]Callegaro, 2006; Perricone, 2007.
[109]Perricone, 2007.
[110]Ibidem.
[111]Callegaro, 2006; Perricone, 2007.
[112]Perricone, 2007.

pele, provocando as rugas.[113] A glicação, que causa uma "caramelização" da proteína e sua consequente degradação,[114] destrói igualmente a hemoglobina, proteína transportadora de oxigênio ao corpo.[115] A falta de oxigenação do cérebro pode levar a problemas de raciocínio e de memória.

A ingestão excessiva de açúcares, tanto refinados como mascavos ou orgânicos, e farinhas brancas, presentes em bolachas, bolos, guloseimas e salgadinhos, prejudica a formação da camada de lipoproteína (gordura + proteína), a mielina, além de destruir a proteína da mielina já formada.[116] Em crianças, falhas na mielina podem ser associadas a sintomas de falta de atenção, baixa concentração e hipoatividade. Também podem ser crianças do tipo "pavio curto", que explodem a qualquer contratempo. Já repararam como esse tipo de comportamento aumentou muito nos últimos tempos? Como consequência de problemas na formação da mielina, poderemos ter crianças, adolescentes e adultos candidatos à infelicidade e ao insucesso, devido à falta de controle dos nervos. O açúcar é um grande destruidor da mielina.

Do xarope inicial da extração do sumo da cana-de-açúcar são retiradas fibras, proteínas, sais minerais, vitaminas e impurezas. O produto final é sacarose pura e concentrada. Quando consumimos um produto extremamente concentrado, como o açúcar, é exigida do organismo uma compensação química: são sequestrados

[113]Ibidem.
[114]Callegaro, 2006.
[115]Perricone, 2007.
[116]Ibidem.

minerais e vitaminas do metabolismo e das reservas. "Quanto maior a ingestão de açúcar, maior é a carência de cálcio, magnésio, ferro, vitaminas B e outros. O açúcar age como descalcificante, desmineralizante, desvitaminizante e causador de desequilíbrios metabólicos", alerta Conceição Trucomi.[117] Isso independe de o açúcar ser orgânico, branco ou mascavo.

O açúcar necessita das vitaminas do complexo B para sua digestão, provocando muitas vezes sua deficiência no corpo[118] e afeta diretamente o sistema nervoso, que também necessita desse complexo.[119] Vitaminas do complexo B são fundamentais para a saúde cerebral, pois estão envolvidas na formação da dopamina e serotonina, importantíssimas na manutenção do humor e da acuidade mental. A deficiência da vitamina B12 pode causar lesões às células nervosas, perda de memória e baixa eficiência mental. A vitamina B12 é importante também na formação de mielina.[120] A falta das vitaminas do complexo B também diminui muito a resistência do organismo, que fica mais suscetível a contrair doenças em geral.[121] O açúcar enfraquece os sistemas de defesa do corpo contra vírus, bactérias, fungos e outros: "Duas horas depois da ingestão de 100 gramas de açúcar, a atividade dos neutrófilos, nossas armas contra as bactérias e afins, cai pela metade", alerta Yang.[122]

---

[117]Trucomi, 2007.
[118]Amaral, 1998; Steiner, 1985.
[119]Amaral, 2007, 1998.
[120]Jornal *A Cidade*, 2007.
[121]Amaral, 1998.
[122]Yang, 2009.

Ao contrário do que se crê, açúcar refinado não gera energia nem tem nutrientes.[123] O consumo de doces e bebidas adocicadas é prejudicial ao perfeito funcionamento do nosso metabolismo.[124] Renato Amaral[125] mostra o que acontece no organismo:

> Após a ingestão de alimento pobre em fibras e rico em sacarose (açúcar refinado), uma grande quantidade de glicose chega ao sangue em pouco tempo. O nível de açúcar no sangue fica muito elevado. Sente-se um bem-estar momentâneo que dura de dez a quinze minutos. Esse pico de glicose superestimula o pâncreas, que libera insulina (hormônio que "queima" o açúcar) bem mais do que o necessário. O excesso de insulina causa hipoglicemia (o nível de açúcar no corpo fica muito abaixo do normal), o que faz nosso rendimento intelectual cair, pois a glicose é o único combustível do cérebro. O cérebro, assim privado de sua principal fonte de energia, entra num processo de depressão, que se manifesta como enxaqueca e um tipo específico de labirintite (distúrbio do ouvido interno que gera tonturas e náuseas).[126]

Nossas avós já diziam, sem conhecimento científico, mas pela sua experiência, que com excesso de açúcar a pessoa se torna um bobo alegre. O cérebro assimila muito mais facilmente as moléculas simples da glicose do que as moléculas complexas do amido dos grãos integrais, por exemplo. Assim, o cérebro é alimentado

---

[123]Amaral, 1998.
[124]Ibidem.
[125]Ibidem.
[126]Amaral, 1998; Fukuda, 2004.

rapidamente e produz o hormônio da alegria, a serotonina. Sente-se um bem-estar momentâneo, mas que logo acaba. É necessário ingerir açúcares complexos, os verdadeiramente benéficos, presentes nas verduras, nos legumes, nos cereais integrais e nas frutas. As fibras desses vegetais suprem o cérebro e os músculos lenta, constante e prolongadamente com glicose, sem os altos e baixos da dieta rica em açúcar refinado. Também protegem o pâncreas, os vasos sanguíneos e o cérebro.[127]

Crianças que comem muitos doces acabam ficando com o sistema nervoso debilitado. Isso se vê facilmente, pois essas crianças choram por qualquer coisa, não conseguem se concentrar, ficar quietas, sentem-se fracas, acham-se pouco consideradas e acabam sendo consideradas hiperativas.

No século XVII reconheciam-se os ricos pelos dentes podres, porque somente os abonados tinham condições de adquirir o açúcar, preciosidade que era guardada num cofrinho de prata com fechadura e chave. O resto do povo vivia muito bem sem essa doçura. Nos Estados Unidos, em 1830 consumiam-se 5 quilos de açúcar por pessoa/ano; no ano 2000 o consumo anual per capita era de 70 quilos.

O melhor é aprender a saborear o gosto natural dos alimentos, principalmente para uma criança que está formando seu paladar, influenciada pelo meio em que está inserida. Ela ainda está formando seus caminhos neurais para o sabor. Não há necessidade de adoçar os sucos, as frutas, as vitaminas ou acostumar a comer biscoitos. O caminho dourado é o caminho do meio,

[127] Amaral, 2007, 1998.

sem cair nos extremos. Vivemos num mundo cheio de açúcar, basta colocar regras quanto ao seu consumo. E, quando uma criança está doente, nada de guloseimas!

Pedro pega um saquinho de balas de goma do seu bolso e começa a comer. João, que está ao lado pintando com lápis de cor, olha para ele. "Você quer uma?", pergunta-lhe Pedro. "Não, obrigado, eu só posso comer guloseimas sexta, sábado e domingo. Meu pai disse que doce faz mal." Esse diálogo aconteceu entre meninos de 5 anos, em nossa instituição educacional.

3.1.15 Cuidado com os alimentos tratados com agrotóxicos

Deve-se ter cuidados em ingerir alimentos que sabidamente contenham um excesso de agrotóxicos. Depois da proibição dos organoclorados, os organofosforados (como Malation, Paration, Clorpirifós, Diazinon) e os carbamatos (como o Carbaril) são os agentes mais utilizados em todo o mundo para o combate de insetos nocivos nas plantações.[128] Frutas, verduras, legumes e grãos que foram pulverizados pesadamente com agrotóxicos atacam o sistema nervoso[129] e podem até induzir demência.[130] Especialmente cenoura, tomate, alface, batata, pimentão, morango e soja são pulverizados com uma carga elevada de defensivos. Atualmente a maioria dos produtos da terra é tratada com agrotóxicos e em todos são encontrados seus resíduos em menor ou maior

[128]Primavesi, 1994.
[129]Carson, 2005.
[130]Callegaro, 2006.

quantidade, conforme a decadência dos solos em que foram cultivados e a frequência das pulverizações.[131]

Em geral, o mecanismo de ação desses agrotóxicos no corpo humano está relacionado à inibição da acetilcolinesterase, enzima catalisadora do neurotransmissor acetilcolina, que tem um papel importante no desenvolvimento das conexões neuronais.[132] A acetilcolina controla atividades de áreas cerebrais relacionadas com a atenção, concentração, aprendizagem e memória. Assim, pessoas que consomem de forma continuada alimentos com resíduos de agrotóxicos podem apresentar distúrbios comportamentais causados por danos neurológicos.[133]

Verduras e frutas plantadas fora da época e do lugar apropriado para seu cultivo recebem muito mais defensivos do que quando cultivadas na época natural e no local ecológico. Por exemplo: a uva tem clima mais apropriado no Rio Grande do Sul do que no Nordeste. Assim, por safra, as uvas no Rio Grande do Sul recebem 30 pulverizações, enquanto que no Nordeste são necessárias 120.[134] Lá, o coco é o ecótipo.

Até em alimentos orgânicos existem resíduos tóxicos, que evaporaram durante sua aplicação em culturas convencionais e caíram depois, com as chuvas, em culturas livres de agrotóxicos. Atualmente, até os ursos polares têm resíduos de agrotóxicos em sua gordura![135]

---

[131]Carson, 2005; Pinheiro, 1989; Primavesi, 1997, 1994, 2003, 2006.
[132]Mello-da-Silva, Fruchtengarten, 2005.
[133]Ibidem.
[134]Primavesi, 2003.
[135]Primavesi, 1997, 1994.

Mesmo assim, verduras, legumes, cereais e frutas da estação e da região são as mais saudáveis, porque recebem menos defensivos. Se uma verdura ou fruta teve de receber muitos defensivos, era porque estava muito deficiente em minerais nutritivos e, portanto, tem um valor biológico muito baixo.[136]

A melhor opção ainda são os alimentos orgânicos oriundos de cultivos que implantaram o sistema ecológico de plantio. Esses são cultivados não só sem venenos, mas também em solos saudáveis, em que cada planta pode formar todas as substâncias que ela deveria produzir quando está sem deficiência: proteínas, hormônios, gorduras, enzimas e açúcares. O resultado são frutas, verduras, legumes e grãos bem formados, graúdos, bonitos e saborosos. Produtos do hortifrúti, mesmo orgânicos, mirradinhos, cheios de rachaduras ou pontinhos pretos, empedrados, secos ou com o miolo podre são resultado de solos deficientes.[137]

Alimentos produzidos ecologicamente deveriam até ser mais baratos do que os com veneno, pois os agrotóxico são muito caros e só são necessários em plantações oriundas de solos degradados, que precisam de muito investimento para produzir algo.[138]

Caso seja impossível fugir de alimentos tratados com agrotóxicos, devem ser observadas com mais rigor as outras medidas benéficas à formação e manutenção da mielina e ao bom funcionamento das reações bioquímicas que acontecem no cérebro, como modular

[136]Primavesi, 1994, 2003, 2006.
[137]Primavesi, 1994, 2006.
[138]Primavesi, 1997.

o consumo de açúcares, dormir o suficiente, ingerir gorduras benéficas ao funcionamento cerebral e uma nutrição mineralizante adequada.

3.1.16 Outras substâncias nocivas ao sistema nervoso, como drogas, cigarro e álcool

A mielina também pode ser lesada ou destruída em decorrência do consumo de drogas como cigarro, maconha, cocaína, LSD, ecstasy, bebidas alcoólicas em excesso ou outro veneno desse tipo.[139]

Normalmente a mielina consegue se refazer se estiverem à disposição os elementos necessários. Ela tem capacidade de reparação ou de regeneração, e a função normal do nervo pode ser recuperada, mas, com o uso prolongado e contínuo de substâncias que a destroem, a desmielinização pode ser extensa. O neurônio pode morrer, ou sofrer uma lesão irreversível, e danificar a capacidade de pensar rapidamente que normalmente se tem.[140]

3.1.17 Alimentação adequada — sais minerais e vitaminas

Para que o sistema nervoso seja bem formado e os impulsos nervosos (mensagens cerebrais) passem rapidamente pelo neurônio e de um neurônio a outro, há o envolvimento de inúmeras reações químicas, que se utilizam dos mais diversos minerais e vitaminas. Não havendo

[139] Merck, 2007; Wikipedia, 2006.
[140] Merck, 2007; Wikipedia, 2006.

esses elementos químicos à disposição, pode haver falha na transmissão dessas mensagens.

A vida não é um amontoado de fatores isolados, mas uma imensa teia que se inicia com os micróbios do solo e inclui todos os seres vivos presentes na terra, na água e no ar; possui influência sobre a camada de ozônio, na penetração da luz ultravioleta e até nos raios cósmicos das constelações estrelares. O DNA, os sais minerais do solo, as plantas, os animais e os homens, o meio ambiente, a educação, tudo é interdependente, cada fator influenciando os demais fatores e sendo por eles influenciado.[141]

Nossa alimentação baseia-se fundamentalmente em nutrientes provindos do solo, mobilizados por micróbios, absorvidos pelas plantas, transformados em substâncias nutritivas que formam e mantêm nosso corpo, turbinando os processos metabólicos, emocionais e intelectuais, sendo responsáveis por nossa saúde física e mental. Na realidade, somos compostos de minerais (antigamente se dizia durante o batismo: "Do pó viestes e ao pó voltarás") que vêm do solo por meio das plantas que nos alimentam diretamente ou por meio de animais cuja carne consumimos. Por isso se diz:

Solo doente → Planta doente → Homem doente. Da saúde do solo depende a saúde humana.[142]

Uma planta, para ser produtiva e sadia, necessita de 42 a 45 elementos químicos, segundo o Serviço de Pesquisa Agrícola americano. Nos homens e animais

---

[141]Capra, 1996; Primavesi, 1997.

[142]Primavesi, 1997.

acredita-se que cerca de 90 substâncias químicas e vitaminas são necessárias para a saúde e o bem-estar.[143]

Os elementos minerais e as vitaminas são interligados numa rede em que cada elemento químico depende de uma série de outros elementos para ser absorvido, dependendo ainda de proporções fixas entre eles. Essas relações valem tanto para a planta como para o ser humano.[144] Por exemplo, a relação ferro-cobre-cobalto é de 500-10-1, tanto na planta como no animal, e também no homem. Isso significa que, se faltar esse 1 átomo de cobalto, nem o cobre nem o ferro são absorvidos. A proporção potássio/boro é de 100-1, isto é, se faltar essa uma porção de boro, os 100 de potássio não são utilizados, mesmo estando disponíveis no organismo.[145] Cada deficiência mineral ou vitamínica desequilibra a teia de nutrientes[146] e causa problemas de saúde física e mental.

Se uma laranja ou uma maçã tiver polpa seca, está deficiente de fósforo e boro. Se uma fruta por fora está bem bonita, mas por dentro está podre, está com deficiência de cálcio. Se uma banana ou uma maçã estiver empedrada, falta boro. Se a casca de uma banana rachar, é porque tem deficiência de cobre. Se uma batata ou maçã ou banana oxidar, isto é, escurecer quando for cortada, é deficiente em boro. Se a casca de uma laranja ou outra fruta for muito grossa, é deficiente em fósforo. Muito fina é deficiência de potássio. Além disso, cada elemento químico está ligado a uma rede de outros minerais que acabam não podendo ser aproveitados.[147]

---

[143]Bowen, 1966, p. 81, Schütte, 1964
[144]Primavesi, 2003.
[145]Ibidem.
[146]Pinheiro, Barreto, 1996; Primavesi, 1994.
[147]Primavesi, 1994, 2003, 2006.

As doenças e os parasitas vegetais são ligados, de alguma forma, à deficiência ou ao excesso de algum mineral na nutrição vegetal, isto é, a deficiência de um mineral equivale ao excesso de seu par. Cada substância vegetal incompleta atrai um determinado inseto ou fungo que consegue comer essa substância incompleta. Essa praga ou doença pode ser afastada se o mineral que falta for reposto, o que torna a planta saudável. Mas em lugar de corrigir-se a deficiência aplicam-se defensivos. Não se eliminam as causas, mas os sintomas. Matando-se os fungos, as bactérias ou os insetos, a cultura deficiente pode produzir. Porém, essas plantas continuam com baixo valor biológico, acrescido de resíduos tóxicos. Esse alimento que a população recebe não contribui para a saúde humana.[148] Ao se consumir basicamente esse tipo de alimento pobre em nutrientes é aconselhável conversar com seu médico para suprir as carências nutricionais que essas plantas provocam com um suplemento vitamínico mineral.

A nutrição cerebral precisa ser rica em vitaminas, principalmente as do complexo A, B, C e E, e minerais, especialmente cálcio, fósforo, potássio, magnésio, manganês, cromo, selênio, enxofre, iodo, vanádio, lítio, germano, ferro, zinco, cobre, boro e gordura ômega 3, para que ocorram um bom desenvolvimento das células nervosas e um funcionamento normal do sistema nervoso.[149] Uma criança que está desenvolvendo seu sistema nervoso central, se não receber as quantidades neces-

[148] Primavesi, 1994.

[149] Callegaro, 2006; Gracia, Bustos-Serrano, 2004; Hammond, 1959; Kretsch, 2001; Penland, Matthys, 1995; Pert, Ruff, Weber, Herkenham, 1993; Pfeiffer, 1975 e 1978; Turnlund, 2001.

sárias desses nutrientes, poderá ter problemas, como falta de concentração e lentidão, ou ser irrequieta.

A deficiência de boro pode se manifestar como um nervosismo relacionado a ruídos, isto é, a pessoa fica muito sensível aos barulhos. Essa sensibilidade é para qualquer tipo de ruído, como tosse, estalos, gritos e barulho de jornal amassado.[150] Certas disritmias cerebrais estão correlacionadas à carência de boro.[151]

As gestantes que recebem menos cobre do que necessitam podem dar à luz crianças paralíticas.[152] A necessidade de cobre em relação ao zinco na criança é três vezes maior do que no adulto.[153]

Numa experiência na China, feita pelo departamento médico da Universidade do Texas, 1,4 mil crianças com grave déficit de aprendizagem, após receberem suplementação continuada de zinco, responsável especialmente pela eliminação do CO2 dos hematócitos e pela oxigenação do sangue, melhoraram a atenção, memória e raciocínio lógico, de acordo com os pesquisadores americanos Pfeifer, Lukashi, May, Penland e Matthys.[154]

Numa região ao sul da Mata de São João (BA), as plantações de legumes, verduras e frutas foram adubadas com muito fósforo, o que causou desequilíbrio e alta deficiência de zinco. Das crianças que foram alimentadas com esses produtos deficientes, 72% apresentaram sintomas de debilidade mental, que foram eliminados após receberem suplementação de zinco na dieta.[155]

---

[150] Milanese, 2007.
[151] Callegaro, 2006.
[152] Burke, 2005.
[153] Callegaro, 2006.
[154] Lukashi, 1999; May, 1999; Penland, Matthys, 1999; Pfeiffer, 1978.
[155] Primavesi, 2003.

Ao receber um excesso de carboidratos (farináceos) na alimentação, as crianças não dormem bem à noite e apresentam deficiência de zinco, mineral também responsável pela imunidade.[156]

Irwin H. Rosenberg, que chefia o Laboratório de Nutrição e Neurocognição no Centro de Pesquisas de Nutrição Humana na Universidade Tufts, em Boston, demonstrou que uma deficiência em vitamina B é associada à disfunção de memória e aprendizagem. Vitaminas do complexo B estão envolvidas em sínteses químicas cruciais para a função cerebral.[157] A vitamina B é requerida para produzir neurotransmissores.[158]

Pessoas intoxicadas por chumbo podem sofrer com o problema do déficit de atenção. Segundo Callegaro, um estudo feito com alunos mostrou que, quando a presença de chumbo era de uma parte por milhão no exame de cabelo, 10% das crianças sofriam de déficit de atenção; com duas partes por milhão, 20%; já com sete partes por milhão, a possibilidade de desenvolver falta de concentração era de 70%. Receitada vitamina B1 (300mg/dia) pelo Dr. Helion Póvoa, do Rio de Janeiro, a todas essas crianças pesquisadas, houve melhoria tanto no emocional (depressão) como no aprendizado.[159]

O excesso de alumínio — oriundo das panelas de alumínio, caixas do tipo longa vida, latinhas de refrigerante e outros — deteriora muito a capacidade de memorizar e de aprender, porque interfere na produção

---

[156]Callegaro, 2006; Pert, Ruff, Weber, Herkenham, 1985.
[157]Rosenberg, 2007.
[158]Homuth, nov. 2001/mar. 2002.
[159]Callegaro, 2006.

de dopamina no cérebro.[160] As pessoas com excesso de alumínio apresentam problemas para resumir as informações recebidas, de controlar seus impulsos, são impacientes, enjoam logo das coisas, não controlam o humor e têm déficit de atenção.[161] O alumínio em excesso também é um forte desmineralizante.

As células nervosas são compostas de lipídios. Por isso é importante fornecer os tipos de gorduras corretos na dieta para a formação e manutenção da saúde cerebral. O ômega 3 DHA é um ácido graxo estrutural do sistema nervoso. Faz parte das bainhas de mielina e também atua na neurotransmissão química, explica Chuck Homuth.[162] Tem um papel importante na capacidade de concentração e resulta numa inteligência aumentada e em maior capacidade de aprendizagem. A deficiência de ômega 3 também está associada à redução da quantidade do neurotransmissor serotonina, como mostra Diogo Sponchiato.[163]

Em uma pesquisa britânica comandada pelo cientista inglês Robert Winston[164] foram ministradas cápsulas de ômega 3 de 1.000 mg a crianças e adolescentes sem vontade de estudar, dispersos e totalmente sem concentração. Após algumas semanas elas se tornaram alunos prodígios.

Uma experiência nutricional feita na Noruega com mil pessoas de ambos os sexos, entre 70 e 74 anos, constatou que aquelas que consumiam 10 g de peixe rico em

---

[160]Ibidem.
[161]Ibidem; Callegaro, Póvoa, 1997.
[162]Homuth, nov. 2001/mar. 2002.
[163]Sponchiato, 2008.
[164]Winston, 2008

ômega 3 por dia saíam-se muito melhor em atividades de raciocínio do que aquelas que não consumiam peixe. Já aquelas que consumiam 75 g por dia do peixe rico em ômega 3 obtiveram os melhores resultados.[165]

O paladar e o hábito alimentar salutar começam desde os primeiros anos de vida. O déficit de atenção, a hiperatividade, os problemas de memorização e a hipoatividade são desordens da modernidade, também devido à mudança de hábitos alimentares. Como exemplo, temos a antiga combinação arroz (integral de preferência) com feijão que está ficando cada vez mais na lembrança. A triptofano hidroxilase, enzima que produz serotonina, importantíssimo neurotransmissor do nosso bom humor, gestor primordial do nosso instinto socializador, que dá força e resiliência ao nosso otimismo, resiste melhor à sobrecarga psicoafetiva do diuturno e facilita o aprendizado, é encontrada especialmente nos grãos integrais e nas leguminosas, como grão-de-bico e feijão.

Uma dieta adequada é como um adubo para o cérebro, pois aumenta a velocidade dos impulsos nervosos e favorece uma boa transmissão química, impedindo, dessa forma, o aparecimento de sintomas indesejáveis no processo de aprendizagem.

3.1.18 Controle e combate à verminose

Nos países tropicais, como o Brasil, surge mais um problema, que é menos comum em regiões de clima temperado. Mesmo sob condições rigorosas de higiene,

[165]Gomes-Pinilla, 2008.

crianças e também adultos têm uma capacidade surpreendente de pegar uma verminose, principalmente a *Ascaris lumbricoides*, a conhecida lombriga. Crianças facilmente põem as mãos ou objetos na boca sem lavá-los, às vezes comem frutas sem lavar direito ou nós vamos comer fora de casa onde nem sempre as verduras são bem higienizadas. Mesmo em casa, muitas vezes as verduras não são bem lavadas ou temos animais de estimação em casa que podem transmitir a verminose.

Havendo uma deficiência mineral no organismo, essa verminose se dissemina mais rapidamente. Por exemplo: em ovelhas que receberam suficiente nitrogênio na alimentação, cada fêmea de vermes põe em média 100 ovos. Já nas ovelhas que sabidamente apresentavam deficiência de nitrogênio, devido à dieta pobre nesse elemento, a infestação por vermes é consideravelmente maior, sendo a postura por fêmea superior a mil ovos.[166]

Segundo o médico Ricardo Neder Silveira, por estarmos num país tropical, vale a pena pecar pelo excesso, levando em conta a relação custo/benefício, e medicar as pessoas em geral com vermífugo a cada seis meses, uma vez que nem sempre os exames de fezes (por isso é melhor três amostragens) conseguem detectar os vermes. Porém, a clínica (sintomas, no jargão médico) é soberana (um dito médico). Isso ocorre até em pessoas adultas da classe A. Verminose em climas tropicais não é incomum nem vergonhoso.

Os efeitos de verminose podem ser bastante devastadores para a concentração, principalmente infesta-

---

[166]Primavesi, 1993.

ções por lombriga. Alguns sintomas que a lombriga provoca: hiperatividade, sonolência, falta de concentração, até convulsões (essas, a pessoa pressente quando as terá, diferentemente em ataques de epilepsia em que não se pressente antes a convulsão). A verminose também rouba vitaminas e sais minerais do organismo. Uma funcionária nossa estava constantemente cansada. Fazendo exames detectou-se uma anemia, cuja causa era verminose.

Uma garotinha de 4 anos vinha apresentando fortes dores abdominais. Durante dois meses fez os mais diversos exames: de fezes e de sangue, ultrassom e outros, suspeitando-se até de distúrbio gástrico, e nada foi detectado. Mas pela clínica os sinais eram típicos da giardíase. Ela tomou um vermífugo específico e sarou.

Um alto executivo de uma multinacional foi ao médico e queixou-se de uma coceira na garganta que provocava tosse. "Isso é lombriga", disse o médico. "Ah, não, eu sou ultra-higiênico." No dia seguinte ele voltou e teve a confirmação. Numa dessas tossidas, eliminou uma lombriga de uns 15 centímetros pela boca. Fez o tratamento contra vermes e foram eliminadas mais de 100 lombrigas.

Há adolescentes e mulheres adultas que se livraram da dismenorreia (cólica menstrual e TPM) após a ingestão de um vermífugo.

O intestino é considerado nosso segundo cérebro, pois lá temos 300 milhões de neurônios. Segundo Callegaro,[167]

---

[167]Callegaro, 2006.

> os neurônios no intestino sintetizam melatonina e outros neuropeptídeos intestino-cerebrais, além de mais de 40 outras substâncias para a rede neuroendócrina imunológica, inclusive 90% da serotonina, cuja carência está envolvida na depressão, na ansiedade, na agressividade, no pânico e na obsessão.

Esses neurônios intestinais, por sua importante função bioquímica, influenciam fortemente a saúde mental dos seres humanos e deveriam receber atenção e cuidados especiais.

Assim, com infestação por vermes, a criança fica deficiente em nutrientes e debilitada, o que diminui sua capacidade de concentração. Para ela não existe mais dia organizado nem estudo ordenado ou mesmo obediência. E se não se fazem suas vontades pode até ter ataques nervosos, porém, quando se dá a essa criança um vermífugo, depois vitaminas e sais minerais para fortalecê-la, seu comportamento melhora e ela torna-se outra vez boa aluna e obediente.

Na experiência como educadora há mais de 30 anos pude observar alunos que após a ingestão de um simples vermífugo, seguida de ingestão de vitaminas e sais minerais, conseguiram aumentar sua capacidade de concentração.

Um garoto de 9 anos era bom aluno. Só que de repente não prestava mais atenção na aula, em casa não conseguia fazer as lições, tinha dificuldade de entender as matérias e começou a tirar notas ruins. O pai prendia-o no quarto para estudar e fazer as lições de casa, mas ele pulava a janela. Foi-lhe dado um vermífugo e ele voltou a ser como antes, concentrando-se e demonstrando gosto pelo estudo. Nessa família de três filhos, toda vez que o rendimento intelectual e a vontade de estudar diminuíam, os filhos não eram mais repreendidos; simplesmente lhe davam um vermífugo, vitaminas e sais minerais, e a paz voltava a reinar.

A verminose pode influenciar os desejos alimentares das crianças. Elas podem ficar com vontade de comer tijolo e terra, por exemplo, ou só guloseimas.

Disciplina, alimentação saudável, suplementação vitamínica e mineral, quando necessária, e controle da verminose podem fazer milagres.

4. Do que depende a aprendizagem?

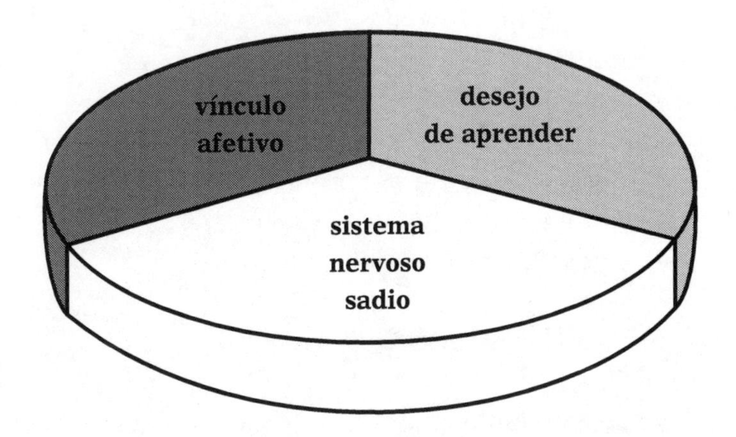

Até aqui foram abordados como se forma e se conserva um sistema nervoso sadio e como a inteligência e o amor verdadeiro dos pais influenciam o emocional da criança, favorecendo o seu aprendizado. Mas de que outros fatores depende a aprendizagem?

Uma boa base genética e um ambiente apropriado podem promover a aprendizagem. Três aspectos são fundamentais:

1. A existência de um valoroso vínculo afetivo. A vida levada com bom humor fortalece a mente e o corpo. A alegria não só protege contra doenças físicas e psíquicas, mas pode curá-las. Alegria, humor, amor, cooperatividade e criatividade devem estar presentes na educação. A qualidade da força afetiva é catalisadora do processo de aprendizado. Uma relação afetiva boa é como um alimento especial: produz o que um organismo sadio necessita.
2. Um sistema nervoso bem formado e funcionando adequadamente. Quanto à inteligência, toda criança que teve uma gestação com desenvolvimento biológico normal nasce com capacidade para a inteligência. Umas desenvolvem uma inteligência maior, outras, menor, de acordo com a quantidade de estímulos recebidos e do meio ambiente em que cresceram.
3. O desejo de aprender.

Os três fatores agem conjuntamente para um bom aprendizado. Havendo alguma falha em um deles, a aprendizagem pode estar em risco.

4.1 Desejo de aprender

É pela falta que surge o desejo, mas não pela falta de afeto!

Quando o bebê nasce, ele é dependente. Nessa dependência ele precisa de afeto, alimento e higiene para ficar bem. Feliz pelas necessidades satisfeitas, o bebê se vê como um único ser mãe-filho. Ele e a mãe são uma pessoa só, em sua concepção. Ainda não tem noção de si. Não tem ainda uma identidade própria. Ele só tem olhos para a mãe.

Mãe e filho complementam-se e satisfazem-se mutuamente[168] e o mundo ao redor não interessa ao filho. Tudo que aquele ser humano precisa, ele já possui. Não precisa olhar à sua volta.

Só que, para um desenvolvimento psíquico saudável, a criança precisa se interessar pelo mundo e ter uma visão à sua volta, crescer e progredir. Essa satisfação mãe-filho plena e mútua precisa se abrir e outras pessoas devem ser introduzidas. Entra aí a função paterna.[169] O interesse da mãe pelo pai faz o filho olhar para ele também e ele fica intrigado em saber o que esse pai tem de tão atrativo que ele, por si só, não completa mais a mãe. Também o interesse da mãe pelo seu trabalho, ou por um *hobby*, faz o filho começar a olhar ao redor de seu mundo. Caso contrário, ele fica encapsulado em seu mundinho, que considera maravilhoso.

O olhar da mãe para o pai é um começo. "Quem é essa pessoa por quem minha mãe também se interessa? Eu sozinho não lhe basto?" E o filho sai de seu casulo, querendo mostrar à mãe que ele lhe basta, que ela não precisa de outros, que ele consegue satisfazê-la. E ele fica imbuído de uma energia que instiga nele o desejo de saber, de estudar, de conhecer, de crescer. É uma energia que impulsiona. Uma energia que desenvolve e que favorece a autonomia. É uma

---

[168]Miller de Paiva, 1981.

[169]Idem, 1990.

energia que o faz se interessar pelo mundo afora. Ele quer evoluir e aprender.

Se não acontecer a independência do filho, se ele continuar recebendo tudo que o satisfaz e não precisar aprender a se virar, continuará preso numa paixão pela mãe. Essa criança será impedida de crescer psiquicamente e poderá não ter bom desempenho na aprendizagem e naquilo que se refere à desenvoltura na vida.[170]Independência e autonomia vão liberar a inteligência existente e permitir que o filho tenha seu lugar no mundo. Amar é promover autonomia. Mas isso não significa que a criança tenha de tomar decisões adultas, mas sim que o adulto encaminhará a criança para que ela adquira autonomia em seu desenvolvimento normal.

Dos 3 aos 6 anos, o menino olha para o pai como um rival pelo qual a mãe também se interessa. Ele demonstra de diversas maneiras querer a mãe somente para si; muitas vezes diz explicitamente que quer se casar com a mãe e tenta afastar o pai das maneiras mais criativas. Ele quer ocupar o lugar do pai. Não se deve deixar o filho dormir na cama da mãe, pois, em seu inconsciente, ele se torna o homem dela. Por mais que doa, deve-se falar ao filho que ele é seu filho, papai é o homem dela. Porque não é só o filho que quer a mãe, a mãe também adora ficar com esse filho. É o que se chama de Complexo de Édipo: mãe e filho estão enamorados.[171]

Complexo de Édipo é o conjunto de elementos relativos ao desejo do filho pela mãe. É essa força incons-

---

[170]Ibidem; Souza, 1995.
[171]Biddulph, 2002; Freud, 1974, 1998.

ciente que faz o filho querer casar com a mãe e afastar o pai do seu caminho. Chama-se de Complexo de Electra a força inconsciente que faz a filha querer casar-se com o pai e tirar a mãe do caminho. O pai pode adorar sentir-se seduzido e atrapalhar na resolução dessa fase se disser que a filha é sua namoradinha. Deve-se deixar tudo em seus devidos lugares: o pai vai gostar sempre de sua filha como filha, mas a sua namorada é a mãe.

Até o fim dos 6 anos, por volta do início da troca dos dentes, quando o sistema nervoso já está maduro, essa fase edipiana deve ter sido resolvida e finalizada para dar continuidade ao desenvolvimento psíquico normal da criança e para que ela possa crescer emocionalmente.[172]

Mambo, de 10 anos, que com essa idade ainda não consegue pôr fim à fase edipiana, faz de tudo para mostrar à mãe que ele sozinho pode satisfazê-la. Ele quer ser melhor do que o pai, do que o professor de tênis, do que o professor de violino e os professores da escola, para poder conquistar sua mãe. Ele diz à mãe que ele é o melhor do mundo e, como não consegue ser, autoflagela-se, o que deixa a mãe desesperada. Quando o irmãozinho de 2 anos leva uns rabiscos para casa e a mãe o elogia, Mambo imediatamente diz: "Mas eu faço muito mais bonito!" Ele se compara com uma criança de 2 anos! Sempre diz que sabe fazer melhor, não aceita o pai se aproximar da mãe e faz de tudo para ficar a sós com ela. Não aceita ninguém perto da mãe, a não ser ele. Nota-se também uma satisfação muito grande dessa mãe em paparicá-lo, alimentando a simbiose com

[172]Lajonquière, 2002.

o filho e não imaginando que isso possa prejudicá-lo psiquicamente. Ela também está muito realizada com esse "namoro" com o filho. O garoto já trocou de escola por não ir bem. Mas trocar de escola não vai resolver se ela não interromper essa conduta equivocada de levar a relação filial. A não resolução desse idílio edípico aprisiona a inteligência[173] da criança e é uma das causas de ela não ir bem nos estudos.[174] Por mais inteligente que ela possa ser, poderá ir mal na escola, pois o não desligamento da paixão do filho pela mãe bloqueia sua inteligência e pode até desencadear sinais de demência. Inconscientemente, a criança renuncia ao aprender e evita pensar.[175]

Ela não se interessa por aquilo que é ensinado na escola, porque ainda não foi ativado seu interesse pelo mundo. Permanece satisfeita com a redoma de seu mundinho parental aconchegante. Se ela recebe o que quer, para que mudar esse quadro?

Júlia, de 7 anos e meio, é a aluna de pior desempenho da turma. A mãe é ativa profissionalmente e o pai se dedica à educação dos filhos. Júlia é chamada de Julinha, de pequenina, por ser a caçula de três filhos. Chamar o filho de "inho" pode ser sintoma de querer conservá-lo pequeno e isso pode impedi-lo de querer crescer. O pai não consegue acabar com essa simbiose e adora ter ainda um "bebê". É tão gostoso ter a Julinha para um aconchego! Ela pode dormir na cama do casal, ainda toma mamadeira, pois "é tão pequenina!"

[173]Fernandez, 2001.
[174]Dolto, 1996, 1998.
[175]Benoit, 1989; Fadiman, 1979; Faria, 2006,; Jerusalinsky, 1988; Paín, 1992; 1999; Rogers, 1971.

É a mascotinha da casa! Ela está no 2º ano do ensino fundamental, mas não consegue ler nada. Nem fazer qualquer soma. Está com a inteligência enclausurada. A criança "luta" para continuar bebê. Crescer significa perder o estado de bebê, e isso é doloroso. Dessa forma não quer saber de aprender as coisas do mundo, pois isso significa crescer. Muitas crianças que vão mal na escola ainda estão nesse estado edipiano, apaixonadas por um dos pais. E vão ficar assim enquanto os pais não as impedirem de dormir em sua cama e não tirarem a mamadeira, o paninho e os outros apetrechos de bebê.

Roberto nunca copia as lições na escola, não sabe nem o que foi ensinado. Estava na 7ª série (atual 8º ano). A mãe está desesperada. Deveria ter acompanhado o marido em uma reunião importante no dia anterior, mas ficou em casa, estudando com Roberto, o que ocasionou uma desavença. Ela teve ainda de providenciar, com seus colegas de turma, todo o material para a prova, pois o filho está sempre no mundo da lua. A mãe estudara com ele até tarde da noite (o que ele e ela inconscientemente adoraram!). Ela já está cansada de fazer isso desde o começo da vida escolar de Roberto. Entra ano, sai ano, sempre a mesma coisa. A mãe nem vai mais ao supermercado porque fica à disposição do filho, que está em semana de provas. Ela não sabe mais como e o que fazer com o menino para ele melhorar. Já proibiu a internet, depois o som e a televisão de que ele tanto gosta. Mas nada adiantou. Sugerimos que deixasse Roberto se virar sozinho. "Ah, não! Assim ele vai repetir o ano." Talvez fosse mesmo, mas isso provavelmente resolveria o problema dele. Aquela atração inconsciente tão prazerosa entre mãe e filho não foi cortada adequadamente. A mãe não se retirou o suficiente. Por mais que brigasse com ele, por não ter os cadernos em ordem e por não saber estudar sozinho, era gostoso ficar com ele. Para ambos era agradável esse tempo em que ela ficava a seu lado, estudando. Essa mãe deixou de fazer o principal: dar-lhe as devidas autonomia e responsabilidade, e acompanhá-lo um pouco mais afastada. Impedir o uso da internet e do som pouco resolveria nesse caso, pois ela ainda estava presa ao filho, inconscientemente. Essa mãe não conseguira cortar o "cordão umbilical". E, quanto mais tarde isso é feito, tanto maiores são a dor e o prejuízo. Se a mãe deixasse o filho se virar, ele poderia repetir o ano, mas aprenderia a ter autonomia. Só que não o fez. Continuou estudando com ele até o último ano do ensino médio. Ela ligou anos mais tarde, dizendo que Roberto lhe dera muito trabalho, mas agora estava cursando faculdade. Dependendo do curso, entrar numa faculdade particular é fácil, pois ela caça alunos a laço. Mas o pior de tudo é que a vida não vai deixar passar isso. Com o diploma na mão, ele não vai ter a energia que essa separação do "flerte" com a mãe teria fornecido: ir à luta na vida. Provavelmente vai ficar fazendo companhia a essa mãe durante a vida toda. Vai ser uma inércia só.

Essa mãe deveria ter parado de fazer todas as coisas para seu filho, como servi-lo e fazer o prato de comida dele. Ela deveria ter-se retirado mais do cenário, ter acompanhado mais de longe as lições, as notas que tirou, e ter sentado com ele para conversar sobre os resultados, detectando a causa das dificuldades na busca de uma solução conjunta. Ele deveria ter aprendido a assumir a responsabilidade pelas consequências de seus atos.

A não resolução adequada da fase edipiana prejudica o desenvolvimento emocional e psíquico da criança, cuja inteligência terá probabilidades de não se manifestar na plenitude de seu potencial. Ela permanecerá intelectual e emocionalmente como uma criança. Depois, como adolescente e, mais tarde, como adulto, não terá energia propulsora para tocar a própria vida[176]. Sempre vai ter que ser empurrado a tomar providências.

A mãe de Zezinho, aluno da 2ª série (atual 3º ano do ensino fundamental), é chamada toda semana na escola. O garoto precisa ir ao psiquiatra, dizem a professora e a coordenadora. Sua hiperatividade é exacerbada, não fica quieto na aula, atrapalha os outros, não consegue prestar atenção. Mas a mãe não quer lhe dar medicamentos. A professora e a coordenadora dão um ultimato: assim ele não poderá continuar na escola. Ou ele é medicado e sossega, ou vai ser expulso! Ninguém consegue dar aula com esse menino junto! Além de ele ir mal, pois não presta atenção, em casa não faz as lições, fica só pulando de lá para cá. Pressionada, a mãe procurou auxilio médico e terapêutico. Inicialmente foi analisada a maneira como a família lidava com ele. Mãe e filho ainda viviam numa simbiose edípica, que já deveria ter sido resolvida: ele dormia uma vez por semana na cama dos pais, às 23h ainda tomava uma mamadeira e dormia com um ursinho da época de bebê. A família foi aconselhada a modificar hábitos e atitudes inadequadas, fazendo os diversos desmames que ain-

[176]Cordié, 1996; Lima, 2002.

da não tinham sido feitos. Para fortalecimento de seu sistema nervoso, foram-lhe receitados um vermífugo e depois um complexo vitamínico mineral amplo junto com levedura de cerveja, rica em vitaminas do tipo B.

A dependência mãe-filho foi rompida e o menino modificou seu comportamento, demonstrando interesse e comprometimento na realização das tarefas escolares. Depois, à medida que seu sistema nervoso se fortalecia, conseguiu ficar menos agitado e aumentar sua capacidade de concentração. A felicidade dos pais era indescritível! A coordenadora e a professora ficaram admiradíssimas e quiseram saber como ocorrera tamanha mudança. Em dois anos ainda se tornou o melhor aluno da turma!

Muitas vezes, quando os filhos não vão bem na escola, não aprendem, são avoados e não conseguem fazer as lições sozinhos, é porque ainda não resolveram a questão edipiana. Sua inteligência fica aprisionada.[177] Os filhos querem continuar nesse aconchego de criança pequena, ter a mãe à sua disposição integral, e desligar-se disso é doloroso. Dói tanto para os pais como para os filhos, mas é uma perda necessária, com ela ganha-se algo bem maior. Pelas perdas, cresce-se.

A criança precisa passar com naturalidade pelas frustrações normais advindas do dia a dia. A superação das frustrações é essencial para o crescimento psíquico saudável do ser humano. O prazer só pode ser sentido verdadeiramente após um desprazer. Marinheiro bom se forma por meio de tempestades. Filhos superprotegidos pelos pais que, na suposição de deixá-los mais

[177]Fernandez, 1991.

felizes, satisfazem seus menores caprichos, formam um ego frágil e vão ser intolerantes às frustrações. Não aguentam ser criticados ou sofrer reprimendas e facilmente se desestruturam.[178] E suas atitudes podem ser imprevisíveis. Para ter desejo de vencer, a criança não pode fazer tudo que quer, não pode receber tudo pronto, sem esforço. Se tiver tudo que deseja, a criança fica feliz e acomodada em seu mundo e não se interessa em desvendar outros mundos. Inconscientemente, a falta, a não gratificação plena, o desejo por algo que não tem farão a criança ir à luta para mostrar que é capaz, poderosa, que sabe e pode fazer.

"É pela falta que surge o desejo", já dizia Freud. Porém, não pela falta do afeto.

[178]Miller de Paiva, 1981.

5. Otimizando o funcionamento do sistema nervoso

João tem 7 anos, cursa a 1ª série do ensino fundamental (atual 2º ano). Caiu da escada em sua casa e bateu fortemente com a cabeça. O seu rendimento escolar é péssimo. Não consegue compreender o que é ensinado, seu caderno está praticamente vazio, não faz as lições de casa. No fim do ano, a mãe pediu que repetisse a 1ª série. Agora com 8 anos, mesmo sendo repetente, ainda não consegue aprender o que lhe é ensinado em aula. Fez todos os exames médicos e laboratoriais para detectar algum outro problema, mas ouve e enxerga bem. Foi ao neurologista, que lhe receitou um fortificante para os nervos que contém como base algumas vitaminas do complexo B e um complexo de sais minerais fundamentais, com mais de 17[179] oligoelementos, dentre eles zinco e cobre. Após seguir esse tratamento por dois anos, seu desempenho escolar normalizou-se

[179]Bowen, 1966; Callegaro, 2006; Kretsch, 2001; Lukashi, 1999; May, 1999.

e seu desenvolvimento intelectual não difere mais do esperado para a média de sua idade.

Marcela está no 4º ano do ensino fundamental e é extremamente lenta. Sua melhor nota é 1,5. Lê com dificuldade, escreve com tanto vagar que não consegue copiar as coisas do quadro, e até para falar ela é lenta. A conselho médico iniciou um tratamento com vermífugo, tomou vitamina B1 com alguns aminoácidos essenciais e um complexo vitamínico mineral amplo que continha também cobre e zinco. Após três meses, seu desempenho escolar melhorou consideravelmente: tirou 8,5 em matemática e 8 em português. Ela está radiante. As notas levantaram sua autoestima. "Eu não sou burra", diz ela. Mas nem era problema de inteligência. Suas notas foram para 9. A mãe interrompeu o tratamento com os fortificantes, "porque dava um trabalho extra e a menina já estava boa". Dois meses após a parada do fortalecimento do sistema nervoso, ela voltou à estaca inicial.

Após três semanas do início da ingestão de oligoelementos, o estudante já começa a se concentrar e ir bem nas atividades. Porém, para um efeito permanente no fortalecimento do sistema nervoso, deve-se dar uma continuidade ao tratamento da desvermifugação associado com suplementos minerais semestralmente e vitamina B1 até o quadro não se reverter mais.

Um empresário desabafa: "Nossa filha de 8 anos não consegue se concentrar, não entende o que é ensinado na escola, não fica sentada quieta, pula constantemente de um lado para outro e tem sérios problemas de memorização. Ficamos desesperados, pois o que será dela no futuro? Apesar de minha esposa ser a diretora da escola, procuramos uma outra instituição de ensino, em que há bem menos crianças por sala de aula. Talvez recebendo uma atenção mais individualizada conseguisse aprender. Mas não adiantou nada, ficou tudo igual. Demos um vermífugo, um complexo mineral que contém zinco e levedura de cerveja (vitaminas B com aminoácidos) e não dá para imaginar a imensa alegria que sentimos ao ver nossa filha mais concentrada, com vontade de estudar e tornando-se uma excelente aluna! Saiu um pesadelo do nosso coração, e a paz e a harmonia voltaram a reinar em casa."

Esse foi o depoimento desse pai feliz por deslumbrar um futuro à frente da filha.

Normalmente uma criança irrequieta não quer comer direito, só quer salgadinhos e guloseimas. Se ela receber rotineiramente esse tipo de alimentação, sentir-se-á saciada e não estará ingerindo alimentos nutritivos, o que ocasionará uma deficiência mineral e possivelmente o mau funcionamento dos impulsos nervosos, tornando-a mais irrequieta e, em alguns casos, lerda.

6. Desafios comportamentais na aprendizagem

Iniciei minhas atividades focando a formação comportamental assertiva do ser humano a partir de sua tenra idade, com a aplicação de estímulos e exercícios psicoeducacionais, orientando paralelamente os pais. O intuito sempre foi a construção de uma base neuropsíquica sólida para poder suportar todas as barreiras que surgem em nosso dia a dia, vencendo-as por comportamentos exercitados eficazmente.

Essa formatação neurobiológica passa pelo entendimento da função cerebral e seus elementos neuronais específicos, essenciais para um aprendizado adequado. A formação e o desenvolvimento saudável do sistema nervoso dependem da predisposição genética, da nutrição adequada para a biossíntese correta dos elementos neuronais e amor e disciplina em medidas proporcionais.

Crianças de todas as idades e adolescentes foram e são ajudados a reequilibrar sintomas de um sistema nervoso comprometido, com resultados maravilhosos. Em decorrência, recobram a autoconfiança, a autoestima e a crença em si mesmos, tão necessárias para alicerçar a socialização do ser humano. Naturalmente, tornam-se excelentes alunos e pessoas felizes.

Primeiramente se faz necessário detectar o que estaria provocando determinados sintomas na criança. São problemas comportamentais ambientais? Falta de regras e limites ou incapacidade de tolerar frustração? Como é seu emocional? Tem problemas para dormir? É estressada por não se sentir amada? Tem autonomia suficiente para independência emocional? Ou tem sua inteligência aprisionada? Ela tem alterações funcionais neuroquímicas? Depois de detectadas as causas, tomam-se as medidas cabíveis.

6.1 Crianças desinteressadas

Aqui se situam crianças e adolescentes que recebem tudo o que desejam, cujas frustrações são evitadas ao máximo e que vivem num mundo pessoal tão satisfatório que não têm por que se interessar por algo que possa não lhes dar prazer. Também podem estar vivendo ainda uma doce vida emocional de bebê: dormindo na cama dos pais, tendo fixação por objetos e brinquedos daquela época, exigindo a companhia constante de um dos pais numa relação de dependência. Não têm autonomia para fazer seus deveres, sendo superprotegidos. Deve-se urgentemente instalar nelas o sentimento de desejar ou necessitar algo pela não satisfação total de suas vontades. Pela falta surge o desejo, mas nunca pela falta de afeto. Afeto e valorização são os alimentos emocionais e cerebrais mais importantes para o desenvolvimento psíquico equilibrado.

6.2 Crianças hipoativas, hiperativas, sem concentração, dispersas, com dificuldades de memorização e disléxicas

Existem crianças e adolescentes que não conseguem permanecer em uma atividade nem por cinco minutos, ficam sempre pulando de um lado para o outro. Não conseguem se concentrar, vão mal nos exames e muitos têm pavio curto; quer dizer, explodem por qualquer contrariedade e têm ataques de raiva. Outros são impulsivos, desorganizados, não conseguem terminar o que começaram, têm pensamentos negativos, mau humor, são irritadiços e chorões. Cansam facilmente nos trabalhos intelectuais, pela enorme energia despendida, e têm baixa autoestima. Dizem que são pessoas hiperativas. As escolas têm dificuldade de lidar com esses alunos, que só perturbam na aula.

Há crianças e adolescentes que são lentos, muito lentos. Lentos para falar, ler, escrever, qualquer continha já os deixa exauridos; são lentos para se vestir, ficam facilmente fatigados, não aguentam fazer muita tarefa de casa ou ler um livro, porque cansam e se enfastiam muito rapidamente. São os hipoativos.

Também há crianças e adolescentes que não conseguem se concentrar nas atividades escolares. E alunos que se distraem com tudo. Outros estudantes não conseguem memorizar o que estudaram. Passados cinco minutos, já não conseguem se lembrar dos conteúdos. São muitas vezes diagnosticados como portadores de déficit de atenção.

Outros alunos trocam letras, engolem letras e sílabas, têm uma letra ilegível, cansam facilmente e não se concentram. São os disléxicos.

Todos esses estudantes têm baixa autoconfiança e baixa autoestima. O que será deles no futuro, se crescerem com esses conceitos negativos de si próprios? Como ajudá-los? Quais seriam as causas por trás desses sintomas? Seria só a predisposição genética ou alguma deficiência mineral e vitamínica? Poderia ser uma educação incorreta? O que seria realmente? Acreditamos que todos esses fatores e outros mais estejam atuando nas manifestações e nos sintomas observados.

Muitos desses estudantes, desde bebês, nunca aprenderam a ter disciplina. Os pais reagem a qualquer crocitar deles e pensam que estão fazendo algo de bom, atendendo a todos seus desejos. Muitas vezes a criança nem sabe o que quer e, por isso, fica nervosa. Seu sistema nervoso, ainda imaturo, já não está se desenvolvendo como deveria. E isso piora dia a dia. À medida que essa criança cresce, crescem com ela o descontentamento e o nervosismo.

Sem rotina e ao deus-dará, sem limites, sem precisar se ater a regras, algumas crianças se tornam uma pilha de nervosismo, com os nervos à flor da pele. Quando não recebem o que querem imediatamente, reagem com um ataque de raiva. Elas tiranizam a família.

Com essa falta de limites, portam-se como se fossem hiperativas. Pulam de uma atividade inacabada para outra. Fazem o que querem, à hora que bem querem. Não têm disciplina, mas sem disciplina não se chega a lugar algum.

Crianças hiperestimuladas também podem tornar-se facilmente crianças agitadas, especialmente enquanto seu sistema nervoso central ainda está em desenvolvimento.[180] O desejo de alguns pais de inscrever os filhos em inúmeras atividades pode deixá-los estressados, muito agitados, o que atrapalha a formação completa do sistema nervoso. A primeira infância é para brincar, o que equivale ao trabalhar do adulto, e não para correr de uma atividade a outra. Ela deve transcorrer sossegadamente.

Já o fazer tudo pelo filho, a superproteção, pode deixar o filho indolente, sem capacidade de tomar iniciativa. Muitas vezes o hipoativo é uma criança bastante dependente, pois os pais não lhe outorgam muita autonomia e sentem prazer em servir o filho, que se torna inseguro, por não acreditar em si e em sua capacidade.

Crianças dispersivas, que se distraem por qualquer barulho, além de ter problemas nervosos, provavelmente ainda recebem tudo que desejam dos pais. Nada lhes falta, não suportam ser contrariadas e com isso ficam alheias ao mundo. Déficit de atenção pode ser consequência de uma dependência exagerada, muitas vezes associada a um sistema nervoso frágil. A criança

---

[180] Tiba, 2002.

provavelmente teve uma estruturação emocional iniciada num ambiente em que seus pais ou cuidadores tinham tendência a superprotegê-la.[181] Com isso se torna apática, sem interesse pelo estudo e pelo mundo que a rodeia.

Crianças disléxicas também têm um sistema nervoso debilitado. Estudos demonstram que são pessoas emocionalmente bastante dependentes dos pais e com pouca habilidade motora corporal bilateral.[182] São crianças sedentárias que ficam mais sentadas, jogando videogames, do que se exercitando.

Uma vez apareceu em nossa instituição uma mãe com um garoto de 10 anos, disléxico. Ao comentar a simbiose mãe-filho, ela negou a existência desse tipo de ligação. Passados cinco minutos que o garoto começara a fazer sua lição, ela apareceu e perguntou: "Filho, você quer um copo d'água?" Ela não percebia que ele não era mais bebê, que se estivesse com sede poderia se servir sozinho. Ela curtia tanto esse filho que o sufocava, não lhe dava autonomia nem percebia que é ela quem o estava segurando. O garoto de fato era devagar, quase parando, não gostava de movimento. Já o filho menor, de 6 anos, que veio junto, era muito ativo, subiu e pulou em muretas e árvores, e a mãe não se ofereceu para buscar um copo d'água para ele. Era visível a diferença com que a mãe tratava os dois filhos. Fixou-se no mais velho e atrapalhou seu desenvolvimento.

---

[181]Silva, 2003.
[182]Steiner, 1985.

Crianças disléxicas, além do fortalecimento neural, necessitam de muito movimento que trabalhe a lateralidade e a independência. A escrita e a leitura precisam ser trabalhadas diversas vezes ao dia, um pouco por vez, já que se cansam muito facilmente.

7. Considerações finais

O crescimento dos distúrbios relacionados ao sistema nervoso fragilizado concerne à falta de conhecimento de certos cuidados essenciais, importantes na fase fetal, infantil, juvenil e mesmo adulta. Cuidados com o sistema nervoso podem e devem ser tomados em qualquer idade, visando a sanar os distúrbios que atrapalham o dia a dia de cada um.

Um sistema nervoso deficiente e frágil pode levar a diversos distúrbios de aprendizagem, como hiperatividade, hipoatividade, falta de concentração e problemas de memorização.

Numa criança com um sistema nervoso bem formado, em que os neurônios estão bem encapados com a mielina, que está suprida dos sais minerais necessários ao bom funcionamento cerebral, o impulso nervoso do pensamento percorre o trajeto neural na velocidade de um carro de corrida. Para ela tudo é fácil, consegue se concentrar com naturalidade, grava conhecimentos novos com agilidade na memória, pensa e aprende rapidamente, tem mais disposição física, pode executar várias atividades ao mesmo tempo, é calma e resolve seus desafios com lucidez e sabedoria. Enfim, é uma pessoa que todos admiram. Torna-se um adulto autoconfiante e feliz, colhendo resultados expressivos na família, no casamento, no trabalho e na sociedade.

Ao concluir, destaco que me senti fascinada mediante a recuperação e superação de minha filha e de inúmeras crianças e adolescentes que orientamos nesses quase 30 anos, com a especial colaboração de meu esposo e de minha mãe. Esse sucesso foi obtido ao eliminar as causas dos distúrbios de hipoatividade, hiperatividade, irrequietude, falta de concentração, distração e dificuldade de memorização, a partir da compreensão da complexidade do sistema nervoso central e das variáveis que o envolvem.

Foram inúmeros cuidados, como dar importância aos nutrientes fundamentais ao sistema nervoso, muitas vezes ausentes na alimentação da qual se dispõe, às verminoses, aos horários de dormir, ao amor e vínculo psicoafetivo filial e à disciplina, que promovem um sistema nervoso sadio.

Considero que essas propostas, de caráter preventivo e curativo e que indicam como recuperar crianças, adolescentes e adultos com déficit de atenção ou hiperatividade, possam ser úteis e beneficiem o maior número possível de pessoas, especialmente você, meu leitor. É possível, sim, com atitudes nutricionais e psicopedagógicas assertivas, tornar-se concentrado.

Obrigada, filha, por ter, por meio de sua dificuldade e também por sua força e determinação, me ensinado a lidar com ela. Você é um grande exemplo em toda a sua plenitude.

Referências bibliográficas

AMARAL, L. G. *Açúcar refinado.* Disponível em: www.dedalus.net/~leoamaral. Acesso em 2007.

AMARAL, R. *Vestibular sem medo.* São Paulo: FTD, 1998.

AMEN, D. G. *Transforme seu cérebro, transforme sua vida.* São Paulo: Mercuryo, 2000.

ANDREWS, S. "A nutrição do sono". *Época*, 18/9/2006.

ARROIO, M. "O significado da infância". *Criança.* MEC: Brasília, 1995.

BENOIT, P. *Psicanálise e medicina.* Rio de Janeiro: Jorge Zahar Editor, 1989.

BERGER, P. L.; BERGER, B. "Socialização: como ser um membro da sociedade". In: FORACCHI, Marialice; MARTINS, José de S. (orgs.). *Sociologia e sociedade.* Rio de Janeiro: Livros Técnicos e Científicos, 1980.

BERGER, P.; LUCKMAN, T. A. *Construção social da realidade.* Petrópolis: Vozes, 2006.

BIDDULPH, S. *Criando meninos.* São Paulo: Fundamento, 2002.

BLECH, J. "Wege aus dem Stress: Die Heilkraft der Mönche". *Der Spiegel*, n. 48,2008.

BLISS, R. "Food Discoveries for Brain Fitness", *Agricultural Research*, jul. 2010. Disponível em: http: //www.ars.usda.gov/is/AR/archive/jul10/brain0710.htm

BOSSA, N. A. *A psicopedagogia no Brasil*. Porto Alegre: Artmed, 2000.

BOWEN, H. J. M. *Trace Elements in Biochemistry*. Londres: Academics Press, 1966, p. 81.

BRUCE, J.; DAVIS, E. P.; GUNNAR, M. R. "Individual differences in children's cortisol response to the beginning of a new school year". *Psychoneuroendocrinology*, ago. 2002, 27(6), p. 635-50.

BUEB, B. *Lob der Disciplin*. Berlim: List, 2007.

BURKE, J. M. "Copper: Nematodes Nemesis". *Agricultural Research*, jun. 2005.

CALLEGARO, J. N. *Mente criativa: a aventura do cérebro bem nutrido*. Petrópolis: Vozes, 2006.

CALLEGARO, J. N.; PÓVOA, H. "O papel dos *smart nutrients*". XI Seminário Nacional de Inteligência, Rio de Janeiro: Uerj, 1997.

CAPRA, F. *A teia da vida*. São Paulo: Cultrix, 1996.

CAPRIO, F. S. *Ajuda-te pela psiquiatria*, 29ª ed. Tradução de Dilma Ferraz Sampaio Carazedo. São Paulo: Ibrasa, 1980.

CARDOSO, S. H. "Comunicação entre as células nervosas". *Cérebro e Mente*. São Paulo: Dueto, 2000.

CARSON, R. *La primavera silenciosa*. Madri: Critica, 2005.

CARVALHO, D. S. "Dossiê: fé, pode crer!". *Fluidos*, mai. 2009.

CARTER, R. "Funções cerebrais". *O livro do cérebro*, v. 1 — *Viver Mente e Cérebro*, São Paulo, Duetto, 2009.

COLL, C.; PALACIOS, J.; MARCHESI, A. *Desenvolvimento psicológico e educação: psicologia da educação*. Tradução de Angélica Mello Alves. Porto Alegre: Artmed, 1995.

CORDIÉ, A. *Os atrasados não existem: psicanálise de crianças com fracasso escolar*. Porto Alegre: Artmed, 1996.

DAGHER, A. "Wege aus dem Stress: wie das Gehirn sich selbst heilen kann". *Der Spiegel*, nº 48, 24/11/2008, p. 153.

DOLTO, F. *No jogo do desejo: complexo de Édipo*. São Paulo: Ática, 1996.

______. *Psicanálise e pediatria*. Rio de Janeiro: LTC, 1998.

DREIKURS, R.; SOLTZ, V. *Children: The Challenge*. New York: Duell, Sloane & Pearce, 1995.

ELMAN, N. M.; MOORE, E. K. *As regras da amizade: como ajudar seu filho a fazer amigos*. São Paulo: M. Books do Brasil, 2004.

EZZO, G.; BUCKMAN, R. *Nana nenê*. São Paulo: Mundo Cristão, 1997.

FADIMAN, J. *Teorias da personalidade*. São Paulo: Harper & Row do Brasil, 1979.

FARIA, M. S., pedagoga e psicóloga recuperadora e formadora de pessoas equilibradas: depoimento, 2006.

FAY, T., apud PADOVAN, B. "Dos pés à cabeça". *Chão e Gente*, nº 28, set. 1997.

FERNANDEZ, A. *A inteligência aprisionada: abordagem psicopedagógica clínica da criança e sua família*. Porto Alegre: Artmed, 1991.

______. *Os idiomas do aprendente*. Porto Alegre: Artmed, 2001.

FREUD, S. "Uma nota sobre o inconsciente na psicanálise". *Obras completas*, v. XII. Rio de Janeiro: Imago, 1974.

______. "A dissolução do complexo de Édipo". Obras completas, v. XIX. Rio de Janeiro: Imago, 1998.

FUKUDA, Y. *Açúcar, amigo ou vilão?* São Paulo: Manole, 2004.

GOMES-PINILLA, F. "Dünger fürs Gehirn". *Der Spiegel*, nº. 52, 2008, p.114.

GRACIA, A.; BUSTOS-SERRANO, H. *El poder curativo del água de mar: nutrición orgânica*. Barcelona: Morales e Torres, 2004.

GUYTON, A.; HALL, J. *Tratado de fisiologia médica*. Rio de Janeiro: Elsevier, 2006.

HAMMOND, J. *Progress in the Physiology*. Londres: Butterworths Scientific Publications, 1959.

HAUG-SCHNABEL, G. "Aprendizagem desde cedo?". Revista *Viver Mente e Cérebro*, n. 150, jul. 2005.

HERCULANO-HOUZEL, S. "O cérebro deve ser seu maior aliado na longevidade". Revista *Veja*, 29/7/2009.

______."Adolescência é coisa de cérebro". *Folha de S. Paulo*, 12/4/07.

HOLTZAPFEL, W. "Dislexia, um problema da época atual". *Higiene Social*, nº 28. São Paulo, Associação Beneficente Tobias, s.d.

HOMUTH, C. Melhorando a função cerebral. *Cérebro e Mente*, nº 14, nov. 2001 – mar. 2002.

JERUSALINSKY, A. *Psicanálise e desenvolvimento infantil: um enfoque transdisciplinar*. Tradução de Diana M. Lichtenstein et alii. Porto Alegre: Artmed, 1988.

"Mantendo o cérebro". *A Cidade*. Disponível em: www.jornalacidade.com.br. Acesso em 2007.

KANDEL, E. R; SCHWARTZ, J. H.; JESSEL, T. M. *Fundamentos da neurociência e do comportamento*. Rio de Janeiro: Guanabara Koogan, 2000.

KANDEL, E. R. "A arte de fazer nós". Revista *Viver Mente e Cérebro*, nº 179, dez. 2005.

KAST-ZAHN, A.; MORGENROTH, H. *Jedes Kind kann Schlafen lernen*. Rotingen: Oberstebrink Verlag, 1995.

KHALSA, D. S. *Longevidade do cérebro*. Rio de Janeiro: Objetiva, 2005.

KRETSCH, M. J. "Studies probe role of minerals in brain function". *Agricultural Research*, out. 2001.

LAJONQUIÈRE, L. *De Piaget a Freud: para repensar as aprendizagens*. Petrópolis: Vozes, 2002.

______."Dos 'erros' e em especial daqueles de renunciar à educação: notas sobre psicanálise e educação". *Estilos da Clínica*, ano II, nº 2, 2º semestre/ 1997, São Paulo, USP.

LAROUSSE Cultural, Grande Enciclopédia. São Paulo: Universo, 1988.

LAURENTI, R. B. *Psicopedagogia: um modelo fenomenológico*. São Paulo: Vetor, 2004.

LEVIN, E. "O corpo ajuda o aluno a aprender". *Nova Escola*, jan. - fev. 2005.

______. *A clínica psicomotora*. Petrópolis: Vozes, 2000.

LIMA, T. *A primeira ensinante: mãe e filho e as relações de aprendizagem*. São Paulo: Vetor, 2002.

LOUZADA, F. "Neurociência e educação: um diálogo possível?" Revista *Viver Mente e Cérebro*, nº 222, jul. 2011.

LUKASHI, H. "Micronutrients". *Agricultural Research*, jul. 1999.

MAJOREK, M; TUCHELMANN, T.; HEUSSER, P. "Therapeutic eurhythmy — Movement therapy for children with attention deficit hyperactivity disorder (ADHD): a pilot study. Complementary therapies". *Nursing & Midwifery*, v. 10, 2004.

MANNHEIM, K. *Diagnosis of our time*. Londres: Routledge, 1998.

MARINHO, R. *Professor da pré-escola*, v. I. São Paulo: Globo, 1992.

MAY, J. D. "Athletes need Zinc". *Agricultural Research*, jul. 1999.

MCEWEN, B. "Wege aus dem Stress: wie das Gehirn sich selbst heilen kann". *Der Spiegel*, nº 48, 2008 p.52-3, .

MELLO-da-SILVA, C. A.; FRUCHTENGARTEN, L. "Riscos químicos ambientais à saúde da criança — Distúrbios do desenvolvimento neurológico". *Jornal de Pediatria*, Sociedade Brasileira de Pediatria, nov. 2005.

MENA, I. "Má qualidade de sono afeta o desenvolvimento infantil". *Folha de S.Paulo*, 13/5/07.

MERCK. "Distúrbios do cérebro e dos nervos". Disponível em: http: www.msd- brazil.com/msd43/m_manual/mm_sec. Acesso em 2007.

MILANESE, F. E. *Matéria médica homeopática ampliada pela Antroposofia – Boro*. São Paulo: [s.n], 2007.

MILLER de PAIVA, L. *Crime: psicanálise psicossomática*, v. 1. Rio de Janeiro: Imago, 1981, p. 215.

______. *Psychosomatic Psychiatry*, v. I. Porto Alegre: Garatuja, 1990, p. 135, 474-5.

MS GATEWAY (Portal da esclerose múltipla). "A importância da mielina". Disponível em: www.ms-gateway.com.pt.

NEUBAUER, A. C. "Chaves da inteligência". Revista *Viver Mente e Cérebro*. Tradução de Luciano V. Machado. São Paulo: Duetto, nov. 2004.

NOVA ESCOLA (A revista do professor). "Sem memória não há aprendizagem", São Paulo: Abril, jun./jul. 2003.

OHKI, Y. "Neurociência e a constituição do bebê". XVIII Encontro Latino-americano sobre o Pensamento de Winnicott, Rio de Janeiro, 30/10-1/11/2009.

OLIVEIRA, M. K. *Vygotsky, aprendizado e desenvolvimento*. São Paulo: Scipione, 1997.

PADOVAN, B. "Dos pés à cabeça". *Chão e Gente*, nº 28, set. 1997.

PAÍN, S. *Diagnóstico e tratamento dos problemas de aprendizagem*. Porto Alegre: Artmed, 1992.

______. *Subjetividade e objetividade. Relação entre o desejo e o conhecimento*. São Paulo: Cevec, 1999.

PENLAND, J. G.; MATTHYS, L. "Selenium can lift the spirits". *Agricultural Research*, out. 1995.

______. "Zinc and speed of recall". *Agricultural Research*, nov. 1999. E-mail: jpenland@gfhnrc.ars.usda.gov

PEREIRA, L. D. "Distraído pelo barulho". *Superinteressante*, mai. 2000.

PERRICONE, N. *A dieta Perricone*. São Paulo: Campus, 2007.

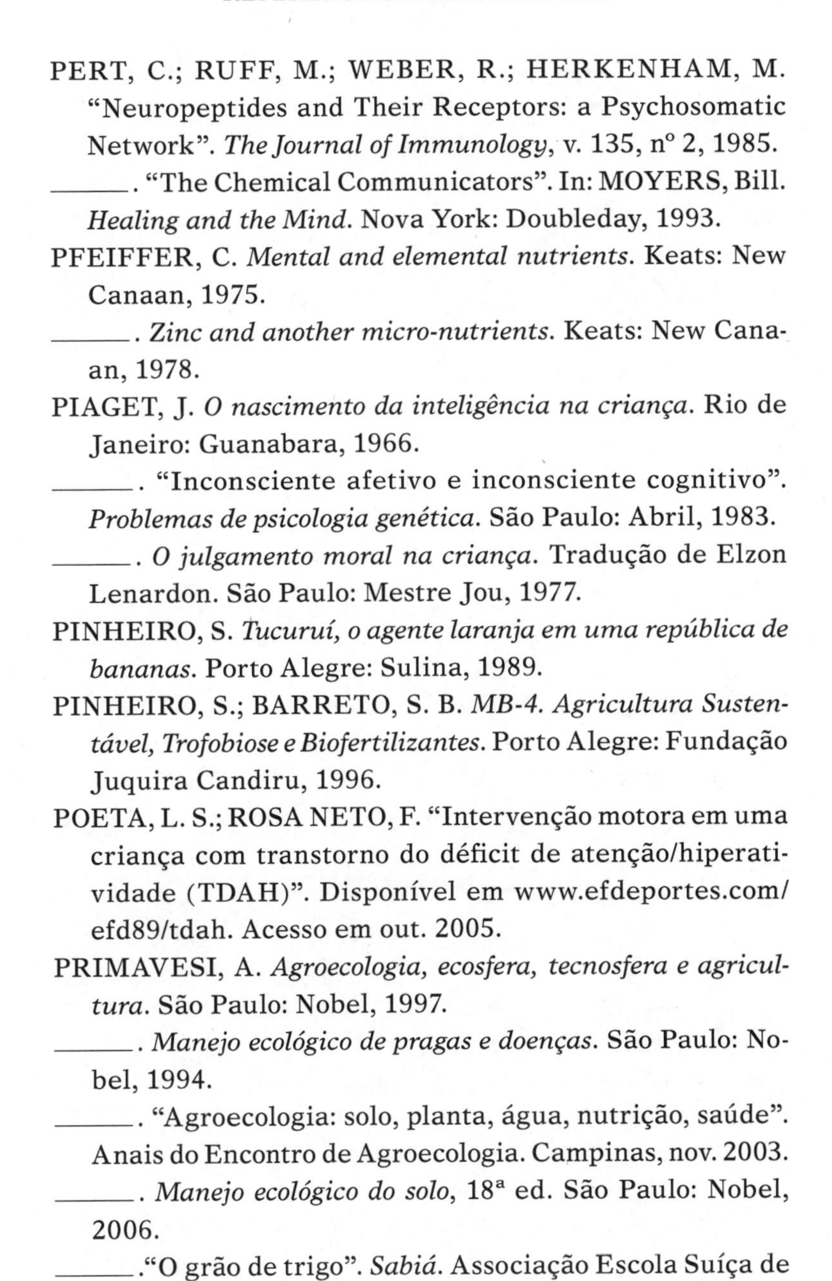

PERT, C.; RUFF, M.; WEBER, R.; HERKENHAM, M. "Neuropeptides and Their Receptors: a Psychosomatic Network". *The Journal of Immunology*, v. 135, nº 2, 1985.

______. "The Chemical Communicators". In: MOYERS, Bill. *Healing and the Mind*. Nova York: Doubleday, 1993.

PFEIFFER, C. *Mental and elemental nutrients*. Keats: New Canaan, 1975.

______. *Zinc and another micro-nutrients*. Keats: New Canaan, 1978.

PIAGET, J. *O nascimento da inteligência na criança*. Rio de Janeiro: Guanabara, 1966.

______. "Inconsciente afetivo e inconsciente cognitivo". *Problemas de psicologia genética*. São Paulo: Abril, 1983.

______. *O julgamento moral na criança*. Tradução de Elzon Lenardon. São Paulo: Mestre Jou, 1977.

PINHEIRO, S. *Tucuruí, o agente laranja em uma república de bananas*. Porto Alegre: Sulina, 1989.

PINHEIRO, S.; BARRETO, S. B. *MB-4. Agricultura Sustentável, Trofobiose e Biofertilizantes*. Porto Alegre: Fundação Juquira Candiru, 1996.

POETA, L. S.; ROSA NETO, F. "Intervenção motora em uma criança com transtorno do déficit de atenção/hiperatividade (TDAH)". Disponível em www.efdeportes.com/efd89/tdah. Acesso em out. 2005.

PRIMAVESI, A. *Agroecologia, ecosfera, tecnosfera e agricultura*. São Paulo: Nobel, 1997.

______. *Manejo ecológico de pragas e doenças*. São Paulo: Nobel, 1994.

______. "Agroecologia: solo, planta, água, nutrição, saúde". Anais do Encontro de Agroecologia. Campinas, nov. 2003.

______. *Manejo ecológico do solo*, 18ª ed. São Paulo: Nobel, 2006.

______."O grão de trigo". *Sabiá*. Associação Escola Suíça de São Paulo nº 1, 1988.

______. *Manejo ecológico de pastagens*. São Paulo: Nobel, 1993.

RAMOS, A. "A genética determina o comportamento?" *Superinteressante*, jan. 2008.

ROGERS, C. R. *Liberdade para aprender*. Tradução de Edgar G. Motta Machado e Márcio Paulo de Andrade. Belo Horizonte: Interlivros, 1971.

ROSENBERG, I. H. "Boosting our knowledge of brain food". *Agricultural Research*, nov./dez./2007.

ROWLING, J. K. *Harry Potter e a pedra filosofal*. Rio de Janeiro: Rocco, 2000.

SCAMMON, R. E. "The measurement of the body in childhood" In: HARRIS J. *The measurement of man*. Minneapolis: University of Minesota Press, 1930.

SCHÜTTE, H. K. *The biology of trace elements*. London: Crosby, Lockwood & Sons, 1964.

SCHWARTZMAN, F. "Amigos do peito". *Revista Viver Mente e Cérebro*, especial, jan. 2007.

SILVA, A. B. B. *Mentes inquietas: entendendo melhor o mundo das pessoas distraídas, impulsivas e hiperativas*. São Paulo: Gente, 2003.

SILVEIRA, R. N., especialista em medicina preventiva: depoimento verbal, 2009.

SINGER, W. "O nascimento da inteligência: desenvolvimento das sinapses no cérebro". *Der Spiegel*, nº 43, 20/10/2003.

SOUZA, A. S. L. *Pensando a inibição intelectual: perspectiva psicanalítica a proposta diagnóstica*. São Paulo: Casa do Psicólogo, 1995.

SPONCHIATO, D. "Ômega 3 para acalmar". *Saúde*, nº 296, mar. 2008.

STEINER, R. "Alimentação infantil no primeiro ano de vida". *Revista da Clínica Tobias*, nº 9, São Paulo, 1985.

______. "A biografia humana: suas crises — suas chances de desenvolvimento". *Revista da Clínica Tobias*, nº 15, São Paulo, 1985.

______."A vitamina B e as substâncias minerais". *Revista da Clínica Tobias*, nº 23, São Paulo, 1985.

STICKGOLD, R.; ELLENBOGEN, M. "Dormir e lembrar". Revista *Viver Mente e Cérebro*, dez 2008.

TIBA, I. *Quem ama, educa!* São Paulo: Gente, 2002.

TODESCHINI, M. "Dormir para aprender". Revista *Veja*, 21/11/07.

TOKISANE, T. Arquivo pessoal, Universidade de Tokyo, 1986.

TOUITOU, Y. "Biological clocks". International Congress on Chronobiology/Université Pierre et Marie Curie. Paris: Elsevier Science, 1999.

______. "Horários do corpo humano: Para uma saúde melhor". Disponível em: scribd.com/doc/123774.

TRUCOM, C. "Açúcar: gostoso veneno ou doce ilusão?" *Vegetarianos*, nº 13, 2007.

TURNLUND, J. R. "Investigating minor nutrients of major importance". *Agricultural Research*, mar. 2001.

URRUTIGARAY, M. C. *Arteterapia: a transformação pessoal pelas imagens*. Rio de Janeiro: Wak, 2003.

VANDER, A. *Nervos: fortes e sadios*. São Paulo: Mestre Jou, 1974.

VERNY, T. *A vida secreta da criança antes de nascer*. São Paulo: Salmi, 1989.

WIKIBOOKS, *Demystifying Depression/The Stress System*, 2009.

WACHS, H; FURTH, H: *Piaget na prática escolar: a criatividade no currículo integral*. São Paulo: Ibrasa, 1979.

WIKIPEDIA. "Mielina". Disponível em: pt.wikipedia.org/wiki/mielina. Acesso em 2006.

WINNICOTT, D. W. *A criança e o seu mundo*. Rio de Janeiro: LTC, 1982.

WINTERHOFF, M. *Warum unsere Kinder Tyrannen werden. Oder. Die Abschaffung der Kindheit*. Gütersloher Verlagshaus: Gütersloh, 2010.

WINTON, R. *Mecanismos da inteligência: aprendizagem, memória e criatividade*. DVD da BBC, 2008.

WÖLKART, J. "Der Chaos un meinem Kopf — ADHS". *Apotheken Umschau*, Bonn, 15/10/2010.

YANG, L.T. Disponível em: www.saudetotal.com.br/artigos. Acesso em 2009.

Este livro foi composto na tipologia Times Europa
LT STD Roman, em corpo 11/15, e impresso em
papel off-white no Sistema Digital Instant Duplex
da Divisão Gráfica da Distribuidora Record.